Lawrence LeShan
Unglaublich!
Unerklärliche Phänomene

Lawrence LeShan

Unglaublich!

UNERKLÄRLICHE PHÄNOMENE

Aus dem Englischen von Astrid Ogbeiwi

ISBN 978-3-86191-021-3

1. Auflage
© 2011 Crotona Verlag GmbH
Kammer 11 • D-83123 Amerang
www.crotona.de

Titel der amerikanischen Originalausgabe:
A New Science of the Paranormal
The Promise of Psychical Research
© 2009 Lawrence LeShan
Quest Books, Wheaton, Ill., USA

Übersetzung aus dem Amerikanischen: Astrid Ogbeiwi

Umschlaggestaltung: Annette Wagner

Druck: Bercker • Kevelaer

Inhalt

Für

Dr. Gertraude Schmeidler,
die so viele Forscher so Vieles
über die mediale Forschung gelehrt hat.

◆

Was, wenn du schliefst?

Und was, wenn

in deinem Schlaf

du träumtest?

Und was, wenn

in deinem Traum

du in den Himmel kämest

und dort eine seltsame, wunderschöne Blume pflücktest?

Und was, wenn du

bei deinem Erwachen

diese Blume in der Hand hieltest?

Ja, was dann?

Samuel Taylor Coleridge

◆

Die Menschheit hat geträumt und ist mit einer seltsamen, wunderschönen Blume in der Hand erwacht. Diese Blume ist die eindeutige und zugleich unmögliche Datenfülle, die die mediale Forschung erbracht hat. Jetzt müssen wir uns der Frage stellen: „Ja, was nun?"

Lawrence LeShan

1

Mediale Forschung
und die Einheit des Universums

Eines Morgens, es war Ende der 1960er Jahre, saßen drei Menschen in New York City in der Zentrale der Parapsychology Foundation (der „Stiftung Parapsychologie", einer Organisation, die sich mit dem Studium paranormaler Phänomene befasst): der Stiftungsdirektor Martin Ebon, die Skretärin Betha Pontorno, und ich, der ich dort ein Forschungsstipendium hatte. Eileen J. Garrett, die Präsidentin der Stiftung, kam dazu. Sie war das beste und angesehenste Medium ihrer Zeit, eine Frau von unbestrittener Integrität, die seit fünfzig Jahren versuchte, die Bedeutung ihrer Medialität zu verstehen. (Im Rahmen dieser Suche hatte sie sich einer Psychoanalyse bei C. G. Jung unterzogen und war von vielen verschiedenen Wissenschaftlern untersucht worden.) In den 20er und 30er Jahren hatte sie in London ausgiebig mit einem parapsychologischen Forscher namens Hereward Carrington zusammengearbeitet.

Mrs. Garrett begrüßte uns, und wir begaben uns in ihr Büro, um die für diesen Tag anstehenden Aufgaben zu besprechen. Sie erzählte uns von einem kuriosen Traum, den sie in der Nacht gehabt hatte: „Ich habe geträumt, dass Carrington in mein Zimmer gekommen ist und mich gebeten hat, ich möge mich um seine

Frau kümmern, denn sie brauche mich. Außerdem sagte er, ich solle währenddessen nach einer Schachtel mit sehr wichtigen Forschungspapieren schauen, die sich unter dem Bett befände und von einem Wallaby (einer kleinen Känguru-Art) ruiniert würde, das darauf schlafe."

Wir spekulierten kurz über die Bedeutung dieses Traums (damals war Carrington bereits seit über zwanzig Jahren tot), wandten uns dann aber anderen Dingen zu.

Am nächsten Morgen kam Mrs. Garrett sehr früh ins Haus, rief uns in ihr Büro und verkündete: „Jetzt haben wir den Salat. Ich kenne mich. Vergangene Nacht träumte ich, Carrington sei wieder in mein Schlafzimmer gekommen. Er war sehr wütend. Er meinte, er habe mir doch gesagt, dass seine Frau mich brauche – und ich hätte nichts unternommen. Dann versetzte er mir einen Tritt, so dass ich aus dem Bett fiel – und auf dem Boden liegend bin ich aufgewacht."

Keiner von uns hatte auch nur die leiseste Ahnung, wo sich Carringtons Witwe jetzt aufhalten könnte. Wir wussten lediglich, dass sie Engländerin war. Wenn sie also noch lebte, dann begann man eine Suche nach ihr wohl am besten in England. Wir erstellten eine Liste älterer Parapsychologen in England, die vielleicht eine Ahnung haben mochten, wo wir sie finden könnten. Dann nahm sich jeder von uns einen Teil dieser Liste vor und fing an, sie abzutelefonieren. Wir erreichten sechs oder sieben Forscher, aber keiner hatte auch nur entfernt eine Vorstellung davon, wo Mrs. Carrington jetzt sein könnte oder ob sie überhaupt noch lebte. Nach dieser ergebnislosen Suche rief Mrs. Garrett einen Bekannten an, der eine hohe Position in der britischen Steuerverwaltung bekleidete. Unter Aufbringung aller ihrer Überredungskünste (die wir an den Zweitapparaten gebannt mitverfolgten) gelang es ihr schließlich, die letzte bekannte Adresse zu erfahren. Es war (wie die Leserinnen und Leser von Agatha Christie sicher bereits erraten haben) ein abgelegenes Cottage in den Mooren von Devon. Anschließend rief Mrs. Garrett die zuständige Ortspolizei an und sagte, sie habe eben einen Anruf von jemandem erhalten, der an dem Cottage vorbeigefahren sei; anscheinend sei darin etwas Schlimmes passiert.

Ein Polizeibeamter fuhr zu dem Cottage und fand Mrs. Carrington. Sie war Ende achtzig Vor drei Tagen war sie gestürzt und hatte sich die Hüfte gebrochen. Weil sie nicht mehr aufstehen konnte, lag sie immer noch auf dem Boden, hatte sich beschmutzt und nichts weiter gegessen als einen Apfel. Sie befand sich in einem sehr schlechten Zustand. Normalerweise wäre erst in drei Tagen wieder jemand zu ihr ins Cottage gekommen. Bis dahin wäre sie wahrscheinlich tot gewesen. Ein Krankenwagen brachte sie in die nächstgelegene Klinik.

Als Mrs. Carrington wieder so weit stabil war, ließ Mrs. Garrett sie in ein großes Krankenhaus in London bringen und dort von einem Chefarzt behandeln, den sie seit vielen Jahren kannte. Wir riefen die *Society for Psychical Research* (Gesellschaft für mediale[1] Forschung) in London an, die daraufhin jemanden zu dem Cottage schickte. Unter dem Bett befand sich tatsächlich eine Schachtel mit diversen Papieren, die man allerdings bereits vor dreißig Jahren hätte wegwerfen sollen: Einkaufszettel, bezahlte Gasrechnungen und so weiter. Von einem Wallaby keine Spur.

Als wir vier etwa einen Monat später wieder zusammensaßen und uns über die Angelegenheit unterhielten, sagte Mrs. Pontorno: „Mrs. Garrett, bitte haben Sie keine solchen Träume mehr. Der letzte hat uns 1200,- englische Pfund gekostet."

---

1 Zur Verwendung der Begriffe „parapsychologisch" und „medial" siehe Seite 28. (Anm. d. Ü.)

Im Folgenden ein weiteres Beispiel für derartige Vorfälle:

Im Jahr 1930 unternahm der einäugige Pilot Hinchliffe den Versuch der ersten Ost-West-Überquerung des Atlantik. Eigentlich hatte er allein fliegen wollen, doch im letzten Moment bestand sein Geldgeber überraschend auf einer Co-Pilotin. Mehrere hundert Meilen weit weg lagen seine beiden alten Freunde, Oberst der Luftwaffe Henderson und Geschwader-Kommandant Rivers Oldmeadow, auf einem Ocean-Liner im Bett. Weder wussten sie, dass Hinchliffe in dem Moment den Überquerungsversuch unternahm, noch dass ihn dabei jemand begleiten sollte. Mitten in der Nacht stand Henderson plötzlich im Schlafanzug unter Oldmeadows Kabinentür und sagte: „Um Gottes Willen, Rivers, es ist gerade etwas Entsetzliches passiert. Hinch war gerade bei mir in der Kabine, mitsamt seiner Augenklappe und allem. Es war grauenvoll. Immer wieder sagte er: ‚Hendy, was soll ich bloß machen? Was soll ich bloß machen? Ich habe die Frau bei mir und ich bin verloren. Ich bin verloren.' Dann ist er vor meinen Augen verschwunden. Einfach so verschwunden."[2]

In derselben Nacht stürzte Hinchliffes Flugzeug ab. Bei dem Absturz kamen er und seine Copilotin ums Leben.

Mit Daten dieses Typs hat sich die parapsychologische und mediale Forschung bisher in erster Linie beschäftigt. Was Henderson berichtete, war sowohl in sich sinnvoll als auch wichtig. Leider wurden, was das Verständnis dieser Phänomene anbelangt, in den letzten hundert Jahren nur sehr geringe Fortschritte erzielt.

Mit der Bedeutung und den Auswirkungen solcher Vorfälle befasst sich dieses Buch.

---

2   Fuller, John G., *The Ghost of Flight 401*, Berkeley Publishing Company 1976.

Die parapsychologische und mediale Forschung – das Studium des Paranormalen – ist sehr vielversprechend und berechtigt zu großen Hoffnungen. Obwohl es den Anschein hat, als befände sich diese Wissenschaft an einem ganz anderen Punkt, steht doch die Erfüllung dieser Hoffnungen unmittelbar bevor. Wir wissen weitaus mehr über das Paranormale als gemeinhin angenommen.

In diesem Buch geht es um eben diese Hoffnung und darum, wie wir sie erfüllen können. Das erste Kapitel beschäftigt sich weitestgehend damit, was uns bisher davon abgehalten hat. Die übrigen Abschnitte des Buches erklären, wie wir weiterkommen können.

Die wissenschaftliche Untersuchung paranormaler Phänomene – außersinnliche Wahrnehmung (ASW), Poltergeister, Spuk, Erscheinungen Verstorbener – ist in völliger Auflösung begriffen. Die wichtigsten Labors wurden geschlossen, und in den einschlägigen wissenschaftlichen Fachzeitschriften steht seit vielen Jahren nichts wirklich Neues. Die wenigen Bibliotheken, die Literatur zu diesem Thema haben, sind an ganz gewöhnlichen Nachmittagen menschenleer – und das in einer Zeit, in der eine breite Öffentlichkeit großes Interesse am Paranormalen zeigt.

Dieses Buch berichtet, warum das so ist. Es erklärt, warum parapsychologische Forscher die Untersuchung komplexer, gut belegter medialer Ereignisse (für die im ganzen Buch immer wieder Beispiele genannt werden) eingestellt und sich weitgehend auf die Auswertung statistischer Analysen beschränkt haben. In ihren Experimenten versuchen Menschen, Tausende von Karten zu erraten, die im Nebenzimmer oder auch im Nachbarland aufgedeckt werden, oder die langen Zahlenreihen, die ein elektronischer Zufallsgenerator hervorbringt, mental zu beeinflussen. Durch diesen Ansatz konnte wissenschaftlich nachgewiesen werden, dass es ASW gibt, doch die Schulwissenschaft ließ sich davon nicht

überzeugen, und mehr noch, die breite Öffentlichkeit zeigte kaum
Interesse. Im weiteren Verlauf stellt dieses Buch dar, wie aus den
großen aufregenden persönlichen Erlebnissen – wie etwa den Vorfällen, die ich zu Beginn dieses Kapitels geschildert habe –, die
die meisten Forscher überhaupt erst an dieses Gebiet herangeführt
haben, eine echte Wissenschaft entwickelt werden kann. Wenn das
gelingt, würde die konventionelle Wissenschaft in die Erforschung
des PSI integriert und damit das ganze Gebiet neu belebt. Unsere
Kultur würde sich zum Positiven verändern, denn die Realität des
Paranormalen würde zu einem Bestandteil unseres allgemeinen
Welt- und Menschenbildes.

Diese Themen sind bei weitem nicht rein akademisch; denn
wenn wir lernen wollen, wie wir das gegenseitige Morden und
die Vergiftung unseres einzigen Planeten stoppen können, dann
brauchen wir unbedingt ein neues Konzept vom Menschen. Mit
dem alten materialistischen Weltbild ist uns dies nicht gelungen.
Die mediale Forschung bietet jedoch die Chance zu einem neu-
en Weltbild. Und genau darum geht es in diesem Buch – darum
und um einen Weg zu Aufbau und allgemeiner Akzeptanz dieses
neuen Weltbildes.

Seit nahezu dreitausend Jahren besteht in der Philosophie ein
wichtiger Konflikt. Es geht darum, wie viele *Arten* von Dingen
es in Wirklichkeit gibt. Wahrscheinlich nahm alles im sechsten
Jahrhundert v. Chr. mit den milesischen Vorsokratikern, darunter
Thales und Anaximander, seinen Anfang. Sie waren der Auffas-
sung, im Grunde bestünde alles aus einer einzigen Substanz (bei
Thales war es das Wasser, bei Anaximander das *apeiron*, „das
Unbegrenzte"). Daher gehorche in Wirklichkeit alles denselben
Gesetzen und könne mit denselben Begriffen erklärt werden. Dar-
auf folgte Pythagoras, der glaubte, dass Zahlen alles beherrschten.

Damit wurde (unseres Wissens) zum ersten Mal von der Möglichkeit einer einheitlichen Feldtheorie[3] gesprochen, also von der Denkbarkeit einer mathematischen Gleichung, die alle Aspekte der Wirklichkeit erklärt und miteinander verbindet.

Später, im vierten Jahrhundert v. Chr., behauptete Platon, die Wirklichkeit bestünde aus zwei sehr unterschiedlichen Arten von Dingen, und man brauche zwei unterschiedlich geartete Erklärungen, um sie zu beschreiben. Diese beiden Arten sind zum einen unsere Sinneswahrnehmungen (die sich ständig verändern) und zum anderen die Gegenstände unseres Denkens (die „Ideen" oder „Formen", die unveränderlich sind). Als Platon im Jahr 347 v. Chr. starb, übernahm der Mathematiker Speusippus die Leitung seiner philosophischen Schule, der Akademie in Athen. Speusippus folgte der Auffassung des Pythagoras, wonach es eine mathematische Theorie gibt, die alles erklärt. (Der Überlieferung nach soll über dem Eingang zur Akademie schon zu Platons Zeiten eine Inschrift gestanden haben, die besagte: „Lasse niemanden eintreten, der die Geometrie nicht beherrscht.") Ein junger Schüler namens Aristoteles war damit nicht einverstanden. Er verließ die Akademie und eröffnete nach einiger Zeit, als Lehrer Alexanders des Großen, direkt neben Platons Akademie eine eigene, konkurrierende Schule, das Lyceum.

Das klingt nach antiker Geschichte (und ist es ja auch), hatte aber, wie dieses Kapitel noch zeigen wird, verheerende Wirkung auf die Humanwissenschaften, insbesondere auf die Psychologie und die mediale Forschung.

Das mittelalterliche Denken ging allgemein davon aus, dass zur

---

3 Daher der in esoterischen Kreisen oft verwendete und auf eine ungenaue Übersetzung zurückgehende Begriff des *vereinten* oder *vereinigten Feldes*. (Anm. d. Ü.)

Beschreibung der Wirklichkeit zwei sehr unterschiedliche Ansätze nötig seien: Sinneswahrnehmung, Verstand und Logik auf der einen, Glauben und Offenbarung auf der anderen Seite. Das Hauptproblem jener Zeit war es, wie die beiden zu versöhnen und welche Fragen mit welchem Ansatz zu beantworten seien. Thomas von Aquin (dessen wichtigstes Anliegen die Versöhnung des aristotelischen Denkens mit der römisch-katholischen Lehre war) glaubte, dass die erste Methode, Verstand und Sinneswahrnehmung, alle Fragen beantworten kann – mit Ausnahme von dreien. Diese drei, die sich nur durch Glaube und Offenbarung beantworten ließen, lauteten:

1. Wie etwas aus dem Nichts erschienen sein kann.
2. Die Dreieinigkeit Gottes.
3. Die Rolle Jesu bei der Erlösung der Menschheit.

Aus der Renaissance, mit ihrer Aufgeschlossenheit für neue Ideen in Verbindung mit dem fortwährenden Glauben an einen Gott, der alles erschaffen hat, entstand die Aufklärung, jene große Revolution des menschlichen Denkens, die zur modernen Wissenschaft geführt hat. Das Denken der Aufklärung fußte auf fünf Axiomen:

1. Es gibt eine vernünftige Ordnung der ewigen Wahrheiten. Es gibt nur eine einzige solche Ordnung. Alle Teile dieser Wahrheit passen zusammen und widersprechen einander nicht. Alles funktioniert nach denselben Prinzipien. Das war schon immer so und wird auch immer so sein.
2. Der menschliche Geist kann diese Wahrheit sowohl in ihren Teilen als auch als Ganzes erkennen – mithin sowohl die Bäume als auch den Wald sehen.

3. Der einzige Weg zur Wahrheit führt über die Objektivierung der Wirklichkeit und über vernünftige Beobachtung, ohne Gefühle, rein mit Verstand, Logik und Mathematik.

4. Der Mensch kann in Übereinstimmung mit diesem Wahrheitsmuster handeln. Wenn er das tut, verbessert sich sein Leben beträchtlich.

5. Das Universum funktioniert nach einer einheitlichen Wirkungsweise, von den Bewegungen der Feldmaus bis zu denen der entferntesten Galaxien. Da Newton gezeigt hat, dass diese Vernunft mechanisch in den Bewegungen der Planeten ebenso wirkt wie in den Zahnradgetrieben auf der Erde, funktioniert das ganze Universum nach den Gesetzen der Mechanik. Und Maschinen haben keinen freien Willen. Jede Handlung ist unabänderlich und festgelegt.

Sozusagen erwachsen wurde die Wissenschaft im 17. und 18. Jahrhundert, einer Zeit, in der der Kosmos nach dem allgemein vorherrschenden Weltbild immer noch von einem Gott erschaffen worden war, allerdings von einem rationalen Gott. Das galt als eine Frage des gesunden Menschenverstandes. Der Kosmos war daher rational, und der Begriff *rational* hatte nur eine einzige Bedeutung. Aufgabe der Wissenschaft war es, diesen einheitlichen, rationalen Aufbau des Universums zu verstehen. Nach dieser Auffassung, die damals in der westlichen Kultur Standard war, funktionierten alle Dinge, da sie ja von einem rationalen Gott erschaffen worden waren, auf dieselbe Weise. Selbst die Bibel schien diese Auffassung zu bestätigen. Das erste Buch Mose erzählt, wie Gott nach der Sintflut „seinen Bogen in die Wolken setzt" zum Zeichen, dass fortan das Universum logisch und beständig ablaufen und „nicht aufhören soll Saat und Ernte, Frost und Hitze, Sommer und Winter,

Tag und Nacht".[4] Die Gestalt der Wirklichkeit und das, was mit ihr geschah, sollte nicht mehr durch Launen oder Wutanfälle bestimmt werden. Heute hat die Schulwissenschaft zwar den Glauben an Gott verworfen, hält aber immer noch an der Auffassung fest, dass es eine einzige Vernunft gibt, die den ganzen Kosmos regiert. Jeder, der dies bezweifelt, gilt als abergläubischer Häretiker.

Fester Bestandteil der immer weitere Bereiche umfassenden Wissenschaften und unseres Wissensgebäudes wurden also die Annahmen, dass die Welt rational ist und es für den Begriff *rational* nur eine einzige Bedeutung gibt; sowie dass die Welt in ihrer Rationalität einheitlich ist und alle Phänomene in ihr auf dieselbe Weise erkannt werden können. Es gibt nur eine einzige Rationalität, und alles, von Atomen bis zu Galaxien, von Träumen bis zu Maschinen, vom menschlichen Verhalten bis zum Blitz am Himmel, ist mit ihren Begriffen erklärbar. Alles funktioniert auf dieselbe Weise. Dieses allem Anschein nach einheitliche Verständnis zu vertiefen und zu erweitern, ist die Aufgabe der Wissenschaft.

Im Laufe der Wissenschaftsgeschichte wurde die Vorstellung von der einen Rationalität allmählich klarer und genauer, und einige ihrer grundlegenden Gesetze wurden formuliert. Die ersten wissenschaftlichen Fortschritte wurden in den Erfahrungsbereichen erzielt, in denen die Dinge sicht- und greifbar sind. In diesen Bereichen konnten Dinge addiert und subtrahiert werden, und daraus ergab sich offensichtlich folgender Schluss: *Da ein Teil des Universums quantitativ ist, muss das ganze Universum quantitativ sein.* Daraus wurde wiederum geschlossen, dass auf einem wissenschaftlichen Gebiet Fortschritte nur in dem Maße zu erzielen sind, in dem seine Daten quantifiziert werden können. Das wurde zu einem Lehrsatz wissenschaftlichen Glaubens. Dieser Glaube war

---

4   1. Mose 8,22 und 9,13.

so stark, dass der Mensch nicht mehr erkannte, dass die Quantifizierung (Zählen und Messen) eine menschliche Handlung ist, die auf unser Wissen von der Wirklichkeit angewandt wird. Leibniz' berühmter Satz „Gott ist Mathematiker" verlieh dieser Ansicht klaren Ausdruck. Eine Vorstellung, die Pythagoras vor zweitausendfünfhundert Jahren als Erster formuliert hatte, wurde nun als Naturgesetz akzeptiert.

Der logische nächste Schritt war dann die Behauptung, dass alles, was gezählt und gemessen werden kann, quantifizierbar ist und keinen freien Willen hat. Zwei Murmeln plus zwei Murmeln sind vier Murmeln. Sie können sich nicht spontan dazu entschließen, fünf Murmeln zu sein.

Ein solcher Ansatz ließ sich ganz offensichtlich auch in der neuen Wissenschaft Physik praktizieren. Die Humanwissenschaften, die gegen Ende des 19. Jahrhunderts entstanden, übernahmen diese Ideen. Im Lichte der ungeheuren Fortschritte, die in der Physik im Laufe der vergangenen hundert Jahre durch die Anwendung dieser Ideen erzielt worden waren, erschien es ganz offensichtlich, dass die Physik über die richtigen Methoden und Axiome für die wissenschaftliche Arbeit verfügte. Daher übernahmen die humanwissenschaftlichen Forscher also Konzepte, die zu den Forschungsgegenständen der Physik des 19. Jahrhunderts passten, für ihren eigenen Forschungsgegenstand jedoch völlig ungeeignet waren. Das führte zu einigen recht seltsamen Schlussfolgerungen. Die allgemeine Ansicht, wonach die Mechanik das Universum regiere, resultierte in mehreren sehr unglücklichen Ungereimtheiten.

Freud. Die Psyche ist wie eine Hydraulikpumpe, und alles in ihr ist mechanisch erklärbar. Wird ein Gefühl aus dem Bewusstsein gepresst, so kann es an anderer Stelle als Sublimation oder Reaktionsbildung heraussprudeln. Das half zwar, gewisse pathologische

Zustände zu erklären, ließ aber sehr Vieles unberücksichtigt. Man bemerkte durchaus, dass damit Dinge wie Genie, Liebe, Mitgefühl, Kreativität und Würde nicht zu erklären waren, aber diese Überlegungen konnten Freuds grundlegende Vorstellungen nicht verändern oder beeinflussen.

Marx. Die Gesellschaft funktioniert wie ein Uhrwerk – unaufhaltsam, mechanisch. Die Geschichte läuft auf wissenschaftlich analysierbare Weise nach der Dialektik des Klassenkampfes ab. Mit dieser Theorie sollte sich angeblich zumindest das nächste Jahrhundert vorhersagen lassen. Doch nichts ließ sich damit vorhersagen, noch nicht einmal, wo der Kommunismus sich zuerst entwickeln würde (Marx glaubte, er würde Russland erst erreichen, nachdem er im Westen triumphiert habe), nicht die Tragik und verheerende Geschichte des Stalinismus in der Sowjetunion, nicht der Aufstieg des Faschismus und ebenso wenig die meisten anderen großen gesellschaftlichen Entwicklungen jener Zeit.

Darwin. Darwin selbst hat zwar praktisch nichts zur Evolution gesagt, wohl aber seine Anhänger. Arten entwickeln sich, setzen sich durch oder sterben aus nach mechanistischen Grundsätzen. Willkürliche Veränderungen und Mutationen bestimmen die Entstehung neuer Arten – und erklären sie vollständig. Diese Theorie muss bis an ihre Grenzen überdehnt werden, um zum Beispiel die Entstehung von Eiern zu erklären (um ein funktionstüchtiges Ei hervorzubringen, musste eine ungeheure Anzahl von Mutationen gleichzeitig auftreten), und selbst bei solch intellektueller Überdehnung ist sie nicht überzeugend. Die Wissenschaft gibt diese Tatsache nur sehr ungern zu, da sie den Gout des neuerdings sogenannten „intelligenten Designs" hat, aber wir müssen uns von der Vorstellung lösen, dass wir lediglich die Wahl zwischen zwei Erklärungsmöglichkeiten haben, Gott oder Darwin. Dies ist eine extrem vereinfachende Sicht der Dinge. Sie taugt hervorragend zum Streiten, aber ganz und gar nicht zum Erkenntnisgewinn.

Pawlow und *Watson* (sowie später *Skinner*). Der Schaden, der einer sich eben entwickelnden wissenschaftlichen Psychologie durch diese grundlegenden Grundannahmen zugefügt wurde, war enorm. Wenn das ganze Universum nach denselben Prinzipien funktioniert und wenn das, was wir sehen und berühren können, quantitativ ist, dann müssen auch Geist und Psyche quantitativ und vorherbestimmt sein sowie auf eine Kombination verschiedener Grundelemente reduziert werden können. Was ein Mensch empfindet und wie er handelt, wird durch Konditionierung festgelegt. Die momentane Situation – „der Zustand des Systems" – bestimmt uneingeschränkt, was als Nächstes kommt.

Alle diese Weltbilder setzen voraus, dass das Universum auf einer mechanistischen Grundlage funktioniert. Da aber Maschinen nicht zu zielorientiertem Handeln in der Lage sind, wurde „Teleologie" – die Vorstellung, dass es im Universum Sinn und Zweck gibt – in der Wissenschaft zu einem Schimpfwort und ist es bis heute. Nach dieser Auffassung machen Sie sich etwas vor, wenn Sie glauben, dass Sie die Straße entlang gehen, um eine Zeitung zu kaufen. Sowohl zielorientiertes Verhalten als auch der freie Wille, seinem Wunsch, ein bestimmtes Ziel zu erreichen, gemäß zu handeln, wurden als Einbildung angesehen, wenngleich als eine sehr mächtige. Bereits im 18. Jahrhundert hatte dieser Glaube eine solche Kraft, dass Samuel Johnson sagen konnte: „Alle Theorie spricht gegen den freien Willen; alle Erfahrung spricht dafür."

Dieses Dogma führte zu sehr viel vergeblicher Mühe in der Psychologie und ebenso zu sehr viel Dummheit. Wäre ich Mitte des 20. Jahrhunderts in einem Lehrsaal aufgestanden und hätte behauptet: „Alle Menschen sind vorherbestimmt und haben keinen freien Willen", dann wäre ich wahrscheinlich Dekan meiner Fakultät geworden. Hätte ich andererseits aber gesagt: „Ich bin vorherbestimmt und habe keinen freien Willen; ich bin ein Roboter, der willenlos seiner Konditionierung folgt", dann hätte man mich sehr wahrscheinlich zum Psychiater geschickt.

Und wehe dem armen Psychoanalytiker, der nach einem solchen Ansatz einen Patienten behandelt und zugleich selbst eine Analyse macht. Solange er auf der Couch liegt, ist alles, was er tut oder getan hat, vorherbestimmt, und der freie Wille ist kein relevanter Begriff, sondern im besten Falle eine Illusion. Nach seiner Sitzung steht er auf und begibt sich in den Therapeutensessel. Ein Patient kommt herein, und plötzlich ist der Patient derjenige, der vorherbestimmt ist, und der Analytiker hat einen freien Willen. Jetzt kann er nach bestem Wissen und Gewissen sprechen und handeln.

Vor einigen Jahren besuchte ich einen Psychiater, der diese Überzeugung vertrat. Sein Hobby war die Fotografie, und an seinen Wänden hingen mehrere wunderschöne Fotos, die er selbst aufgenommen hatte. Unsere Wege trennten sich, als klar wurde, dass er seine Fotografien als Ausdruck seiner Kreativität und seines freien Willens verstand. Zugleich betrachtete er meine Nebenbeschäftigung in der Forschung als Folge meiner Zwänge, die wiederum davon herrührten, dass … (wir werden das jetzt nicht weiter vertiefen). Daher hatte ich also keinen freien Willen. Als klar wurde, dass wir uns in diesem Punkt nicht einig werden würden, beendeten wir unsere Beziehung – von meiner Seite aus freundschaftlich.

Es ist weitgehend eine Folge dieses strengen Dogmas, wonach Geist und Psyche wie eine Maschine operieren, dass die orthodoxe Psychoanalyse heute nur noch von historischem Interesse ist. Der

Historiker Will Durant bemerkte einmal: „Die Psychoanalyse ist keine Kunst und keine Wissenschaft, sondern die Verteidigungsrede eines Helden." Dennoch können wir uns denken, dass Freud, jener tiefsinnige, leidende, unglaublich mutige Riese, der sehr wohl bewiesen hat, dass er innerlich wachsen und sich verändern kann, würde er heute leben, wahrscheinlich Anti-Freudianer wäre!

Ein weiterer Teil des Weltbildes der Aufklärung entwickelte sich infolge von René Descartes' Auffassung, Wissenschaft sei real und könne nur dann Fortschritte erzielen, wenn ihre Daten quantifizierbar seien. Eine nicht-quantitative Wissenschaft tauge nur zum Hobby für wohlhabende Müßiggänger. Descartes verstieg sich sogar zu der Behauptung, es sei sinnlos, die Geschichte zu studieren, weil deren Daten nicht quantifizierbar seien. Selbst wenn man sein ganzes Leben lang die römische Geschichte erforsche, so wisse man am Ende doch nicht einmal so viel darüber wie „Ciceros Dienstmädchen".

Diese Ansicht machte sich eine bedeutende psychologische Schule – der Behaviorismus – zu eigen und entwarf angesichts der Erkenntnis, dass sich das Bewusstsein nicht quantifizieren lässt, eine dermaßen sonderbare Lösung, dass es schon bald hieß: „Der Behaviorismus muss nicht widerlegt, sondern er muss geheilt werden." Die Lösung der Behavioristen lautete, dass sie in ihren Gesprächen untereinander und in ihrem professionellen Handeln als Psychologen so tun wollten, als gäbe es das Bewusstsein nicht. Eine Wissenschaft, die vor ihrem wichtigsten Punkt (oder überhaupt vor irgendwelchen Daten) davonläuft, ist sehr armselig. Das ist in etwa so, als wolle die Astronomie so tun, als gäbe es keine Sterne, weil derlei Phänomene nicht zu ihren Theorien passten.

Der katastrophale Zustand der Psychologie ist allgemein bekannt. Nach über hundert Jahren, in denen Tausende Frauen und Männer

engagiert gearbeitet und mehr Bücher und Zeitschriften veröffentlicht haben, als man sich ausmalen möchte, weiß man noch immer
sehr wenig. Es gibt ein paar Faustregeln, einige unzusammenhän-
gende Theorien, die die einen akzeptieren und die anderen nicht,
sowie einige Techniken, aber das ist auch schon alles, was wir
vorzuweisen haben. Es ist uns nicht gelungen, das zu untersuchen,
was uns zu Menschen macht – Mitgefühl, Liebe, Würde, Mut – das
also, wovon Platon sagt, dass es uns zu Zweibeinern statt Vierbei-
nern macht. In einem Buch von Tolstoi oder Dostojewski oder in
Shakespeares Dramen erfahren wir mehr darüber, was es bedeutet,
ein Mensch zu sein, als in den Psychologie-Lehrbüchern an unseren
Universitäten.

   Das liegt zum großen Teil an dem Glauben an eine mathematische einheitliche Feldtheorie, wonach der gesamte Kosmos auf
die gleiche Art und Weise funktioniert, sowie an der Haltung, wir
sollten, weil die Physik so erfolgreich ist, ihre Ideen und Methoden
ebenfalls anwenden, auch wenn unser Forschungsgegenstand ein
ganz anderer ist. Descartes sagte zum Beispiel: „Der Körper ist
von Natur aus teilbar. Der Verstand ist von Natur aus unteilbar."
Man kann ein teilbares Gebiet nicht auf dieselbe Weise erforschen
wie ein unteilbares, ein „saumloses Gewand". Wenn man es dennoch probiert, so ist einem nicht mehr Erfolg beschieden als den
Physikern, die eine einzige Mathematik zu entwickeln versuchen,
mit der sich sowohl das „klumpige" Universum des ganz Kleinen
(in der Quantenphysik macht die Natur Sprünge; die Dinge treten
in Paketen auf, die miteinander interagieren) als auch das „glatte"
fließende Relativitäts-Universum des ganz Großen beschreiben
lässt. (Getreu dem alten Diktum *natura non facit saltus* – die Natur macht keine Sprünge.)

   Noch schlimmer ist die Lage auf dem Gebiet der medialen Forschung. Dieses Gebiet entstand um die Mitte bis gegen Ende des 19. Jahrhunderts, als die Popularität des Spiritismus die Wissenschaftler dazu veranlasste, diesen seltsamen Phänomenen auf den Grund zu gehen. Nach etwa einem halben Jahrhundert hatte die mediale Forschung zwei unterschiedliche Datenarten erbracht.

Zunächst gab es die komplexen, bedeutenden Ereignisse, die das große Aufsehen erregt hatten: Erscheinungen Verstorbener, Beispiele für Präkognition, Poltergeister und so weiter. Sie traten nicht nur zufällig auf. Sie hatten einen Sinn, auch wenn man noch nicht genau wusste, welcher das war. Sie ließen den Beobachter spüren, dass etwas Wichtiges und Außergewöhnliches geschehen war, etwas, das echte Bedeutung hatte, auch wenn wir diese Bedeutung damals noch nicht erkennen konnten. Der Psychiater Jan Ehrenwald bezeichnete diese Ereignisse als „bedürfnisbedingt".

Der Vorfall um Hereward Carrington und seine Frau, den ich am Anfang des Kapitels schildere, ist ein anschauliches Beispiel für einen solchen Fall. Ganz offensichtlich gab es sowohl ein Bedürfnis als auch ein paranormales Ereignis. Bis jetzt wissen wir noch nicht, wie wir weiter vorgehen sollen. Wir wissen nicht, wie er zu erklären ist und wie wir die Daten am ergiebigsten zu deuten haben. Sollen wir das Ganze als „Telepathie" bezeichnen und es dabei bewenden lassen? In diesem Fall nennen wir lediglich die Tatsache beim Namen, dass Mrs. Garrett Informationen hatte, die sie mit ihren normalen Sinnen nicht erlangt haben konnte. Sollen wir versuchen festzustellen, wer oder was das Haupt- und wer oder was das Neben-Agens dieser Handlungen war? Und sind diese Begriffe hier überhaupt anwendbar? Sollen wir es als „Eingriff aus der geistigen Welt" bezeichnen, wenn wir denn überhaupt akzeptieren können, dass dieser Begriff ins Metaphysische weist? Und wenn wir das können, warum ist so etwas dann in diesem Fall geschehen und nicht in anderen, in denen das Bedürfnis genauso groß oder sogar noch größer war? Wir wissen, dass etwas vorgefallen ist, was sowohl wichtig als auch paranormal war, aber wir wissen nicht, was es war.

Gertrude Schmeidler, eine der besten Forscherinnen auf diesem Gebiet, sagte einmal, das Studium medialer Phänomene – kurz des *PSI* – sei wie das Wandern um einen dichten Forst. In dem Waldstück ist etwas Großes. Wir können sehen, dass Bäume schwanken, und wir hören Geräusche. Aber wir können nicht sehen, was für ein Tier es ist oder wie es aussieht. Wir wissen lediglich, dass es da ist und groß ist.

Die zweite Art medialer Phänomene sind die im Labor erzeugten Daten, etwa beim hellsichtigen oder telepathischen Kartenraten, bei dem die Gesamtsumme der richtig erratenen Karten statistisch über der Menge der vernünftigerweise erwartbaren Zufallstreffer liegt. Die Versuchsperson weiß nicht, ob er oder sie eine bestimmte Karte richtig oder falsch erraten hat. Wenn der Person gesagt wird, dass ihre Angaben in einem bestimmten Fall richtig waren, dann hat das keine besondere Bedeutung. (Ehrenwald nannte diesen Typus des PSI „fehlerbedingt". Seiner Theorie nach sind sie auf kleine zufällig auftretende Fehler in dem unbekannten System zurückzuführen, das verhindert, dass wir mehr PSI-Ereignisse erleben.)

Dieser zweite „fehlerbedingte" Typus des PSI kann quantifiziert werden. Sind die Ergebnisse mehr als zufällig, so lässt sich dies präzise und statistisch exakt nachweisen. Solche Ereignisse können in einem Labor herbeigeführt werden, wie die meisten Daten in der Physik auch. Sobald die parapsychologischen Forscher einmal solche Ergebnisse erzielt hatten, waren sie der Auffassung, dass sie ihr Gebiet nun zur „Wissenschaft" erklären könnten und von der übrigen naturwissenschaftlichen Welt akzeptiert würden.

Bevor wir weitermachen, erlauben Sie mir bitte, etwas abzuschweifen und mit ein paar Worten auf die Terminologie einzugehen. Im Laufe der Jahre haben diejenigen, die auf dem Gebiet paranormaler Ereignisse arbeiten, eine sprachliche Konvention entwickelt. Der Typus der Vorfälle, der in einem Labor untersucht werden kann – die „fehlerbedingten" Ereignisse, wie wir sie beim Karten- und Zahlenraten vor uns haben – wird als *Parapsychologie* bezeichnet. Bei der Erforschung des komplexeren, spontaneren „bedürfnisbedingten" Typs, wie etwa Erscheinungen Verstorbener oder Telepathie in Notsituationen (wie beim Hinchliffe-Fall), spricht man von *medialer Forschung*.[5]

Im Gegensatz zu den „fehlerbedingten" Phänomen-Typen, die quantitativ untersucht werden können und auch werden, lässt sich der „bedürfnisbedingte" Typus nicht nach Bedarf im Labor erzeugen; er ist nicht zu quantifizieren. Forscher sind überzeugt, dass sich mit nicht vorhersagbaren, willkürlich „herumhoppelnden" Ereignissen keine Wissenschaft betreiben lässt – und diese komplexen bedeutenden Ereignisse „hoppeln" ganz offensichtlich herum. Aus diesem Grund gaben viele auf diesem Gebiet forschende Wissenschaftler das Studium der bedürfnisbedingten Ereignisse auf und konzentrierten sich ganz auf die Untersuchung des anderen Typs in unterschiedlichsten Laboren.

Damit folgten sie dem Aufruf eines Begründers der modernen parapsychologischen Forschung, des britischen Philosophen Henry

---

5   Im Deutschen wird diese Unterscheidung nicht getroffen, sondern die – inzwischen allerdings nicht mehr an Universitäten, sondern nur noch an privaten Instituten betriebene – Erforschung des Übersinnlichen generell als Parapsychologie bezeichnet. Da die Unterscheidung dem Autor jedoch wichtig ist und um Wortungetüme wie „quantitativer bzw. qualitativer Zweig der Parapsychologie" zu vermeiden, wird das Gegensatzpaar *Parapsychologie – mediale Forschung* für diese Übersetzung übernommen. (Anm. d. Ü.)

Sidgwick, aus dem 19. Jahrhundert: „Wenn man fünfzig Experimenten keinen Glauben schenkt, dann legt weitere fünfzig vor und dann noch einmal fünfzig, bis man es glauben muss." Dies ist inzwischen sicherlich mit weitaus mehr Experimenten geschehen als Sidgwick vorgeschlagen hat. Aus Gründen, über die ich an späterer Stelle noch sprechen werde, wurden die Daten der medialen Forschung bis heute von der Schulwissenschaft nicht anerkannt – und das nicht unbedingt aus wissenschaftlichen Gründen. Ich denke etwa an den angesehen Mathematiker Warren Weaver. Nachdem er zunächst die Korrektheit der Experimente des Parapsychologie-Pioniers J. B. Rhine, Professor an der Duke University, wie auch dessen persönliche Integrität bestätigt, schreibt er weiter: „So ende ich denn mit dem Schluss, dass ich Professor Rhines Beweise nicht wegerklären und nicht akzeptieren kann."

Damit, dass man die bedürfnisbedingten paranormalen Ereignisse zugunsten der fehlerbedingten hintanstellte, erreichte man zweierlei: Die Forscher kamen sich wissenschaftlicher vor, auch wenn sie damit in der wissenschaftlichen Gemeinschaft dennoch keine Anerkennung fanden. Außerdem gelang ihnen das schier Unmögliche, nämlich die mediale Forschung zu einer stumpfsinnigen und langweiligen Angelegenheit zu machen.

Ernest Jones, einer von Freuds engsten Schülern, berichtet, wie schockiert er war, als er erfuhr, dass Freud an Telepathie glaubte. Er sagte zu Freud: „Wenn wir bereit sind, frei in der Luft schwebende geistige Prozesse für möglich zu halten, was sollte uns dann daran hindern, an Engel zu glauben?" Freud erwiderte. „Freilich. Und sogar an den lieben Gott." Eine wissenschaftliche mediale und parapsychologische Forschung könnte in Richtung eines „lieben Gottes" führen oder auch nicht, auf jeden Fall müssen wir bereit sein, uns von ihr verblüffen zu lassen.

Das allgemeine Bild der Welt, in der wir leben – im wahrsten Sinne unserer Heimat –, ist der Fels, auf dem wir ruhen und auf dessen Unerschütterlichkeit unsere Persönlichkeit fußt. Es ist so sehr Teil unserer selbst, dass wir es kaum wahrnehmen können. (Es gibt einen alten Witz zu der Frage, wer als Erster das Wasser entdeckt hat. Die Antwort lautet natürlich: Wir wissen zwar nicht, wer es war, wir wissen aber auf jeden Fall, dass es kein Fisch war.)

Wenn dieses Weltbild, unsere Sicht dessen, wie die Dinge sind und wie sie funktionieren, bedroht wird, verspüren wir eine starke, wenngleich undifferenzierte Angst. Der deutsche Psychiater Kurt Goldstein bezeichnet sie als „Katastrophenangst", das unausgesprochene Empfinden, dass, wenn die Unordnung nicht beseitigt wird, der gesamte Persönlichkeitsaufbau in Gefahr ist. Es entsteht ein unbewusster Druck, das störende Material irgendwie zu beseitigen. Manchmal geschieht dies, indem es einfach vergessen oder aber indem der Erinnerung daran jede Emotion entzogen wird, so dass es in einer seltsamen Schwarz-Weiß-Manier ohne rechte Bedeutung im Gedächtnis bleibt. Dann können wir beschließen, dass diese Dinge, um es mit den Worten des Philosophen Jacob Needleman auszudrücken, „Seifenblasen des Rätselhaften" sind, „die in einem ansonsten normalen Universum umherschweben"[6]. Diese „Seifenblasen" dienen dann einzig und allein dem Zweck, dass wir bei Abendgesellschaften etwas Spannendes zu erzählen haben, ohne dass ihr Sinn oder ihre Bedeutung zu hinterfragen wären. Werden sie uns als wissenschaftliche Daten vorgelegt, so können wir intellektuell mit ihnen so umgehen, als hätten sie keinerlei Bedeutung, weder für uns noch für andere Menschen. Wir können bequem zu dem Schluss kommen, dass entweder mit dem Experiment oder mit der Beobachtung etwas nicht stimmen muss

---

6 In einem persönlichen Gespräch 1969.

und wir den Fehler sicherlich fänden, wollten wir nur die Mühe auf uns nehmen, ihn zu suchen. Oder wir können es so erklären, wie es Henry Sidgwick bereits 1880 vorausgesagt hat, dass nämlich „der Experimentator genau weiß, was los ist". Im Großen und Ganzen hat die wissenschaftliche Gemeinschaft auf die Daten der medialen Forschung bisher so reagiert wie der Bauer, der zum ersten Mal eine Giraffe sieht und feststellt: „So ein Tier gibt es doch gar nicht."

Heute haben wir eine andere Methode, um uns von dem zu distanzieren, was wir aus unseren Beobachtungen schließen müssen. Da nämlich die Quantenmechanik so voller rätselhafter Konzepte steckt, können wir beschließen, dass die „Erklärung" des PSI in ihr begründet liegen muss. Eigentlich gibt es also gar kein Problem, PSI ist bereits vollständig durch die Quantenwissenschaften erklärt oder wird es zumindest bald sein. Vor vierzig Jahren gehörte ich sogar selbst zu denen, die die Idee aufbrachten, PSI sei mit den Begriffen der Quantenmechanik oder der Relativitätstheorie zu erklären. Heute bin ich überzeugt, dass wir unrecht hatten, und ich bedauere meinen Anteil daran. Würde, Liebe, Loyalität, Ehrfurcht und PSI müssen zu ihren eigenen Bedingungen im Rahmen einer Wissenschaft erforscht werden, die auf diese Observablen aufbaut und nicht auf die Observablen subatomarer Teilchen.

Durch das Paranormale fühlen wir uns schrecklich bedroht, aber wenn uns unser Zeitalter etwas gelehrt hat, dann doch unsere große Flexibilität und unsere Fähigkeit, uns neue Ideen zu eigen zu machen, Erweiterungen unserer grundlegenden, aus der sinnlichen Wahrnehmung abgeleiteten Newtonschen Sicht der Wirklichkeit zuzulassen, und dies ganz ohne Zusammenbruch und mit nicht mehr als einer leichten Irritation. Auf ihre ganz unterschiedliche Weise haben uns Freud, Einstein und Picasso gezeigt, dass wir unser Weltbild erweitern können, ohne dabei wie Glas unter einem Hammer zu zersplittern. Heute beobachten wir etwas Ähnliches, wenn die Welt allmählich und noch recht unbeholfen die neue Idee von der Bedeutung der Ökologie und der Notwendigkeit, unsere Nestbeschmutzung zu beenden, akzeptiert. Für jede dieser Erweiterungen haben wir geraume Zeit gebraucht, doch inzwischen sind sie Bestandteil unserer Kultur und unseres Grundverständnisses der Wirklichkeit. So wird es auch mit PSI geschehen.

Ein Punkt ist entscheidend am ganzen PSI-Problem. Wenn der gesamte Kosmos – alles, was ist – nach denselben Prinzipien und Gesetzen funktioniert, dann ist PSI unmöglich und kommt deshalb auch nicht vor. Die Gesetze, die grundlegenden einschränkenden Prinzipien unseres täglichen Lebens, funktionieren viel zu gut, als dass sie ungültig sein könnten. Sie sind zutreffend, und unter ihnen können PSI-Ereignisse nicht auftreten. Daher müssen alle paranormalen Ereignisse auf schlechte Beobachtung, Zufall, lückenhafte Erinnerung oder blanke Lügen zurückzuführen sein. Da wir der Vorstellung von der Einheitlichkeit der Wirklichkeit – wonach alles überall nach denselben Prinzipien funktioniert – zutiefst ergeben sind, scheint die Sache damit erledigt. PSI-Ereignisse treten nicht auf, und wenn doch, dann sind sie eine Art Ausnahme und letzten Endes unbedeutend.

Dennoch haben wir in den letzten rund hundert Jahren gelernt, dass für verschiedene Teilbereiche der Wirklichkeit unterschiedliche Gesetze, unterschiedliche einschränkende Grundprinzipien gelten. Ursache und Wirkung herrschen in dem Teilbereich, den uns unsere Sinne erschließen, aber nicht im Mikrokosmos, im Reich des ganz Kleinen. Unsere Sinne offenbaren uns eine Welt mit diskreten, also voneinander unterscheidbaren Observablen; unser Innenleben, unser Bewusstsein tut das nicht. Aussagen über den

Makrokosmos, die Räume zwischen den Sternen, werden bedeutungslos, wenn man sie auf die Räume zwischen Gebäuden oder Städten anwendet. Was in einem Erfahrungsbereich „normal" ist, ist in einem anderen paranormal. Was man in einem Bereich sagen oder tun kann, kann man im anderen nicht. Man kann keine Aussagen über Farbe, Form oder Temperatur eines subatomaren Teilchens treffen; über einen Gegenstand im Reich der Sinne kann man dies hingegen sehr wohl. Man kann von einem stillstehenden Tisch sprechen, nicht aber von einem unbeweglichen Elektron. Worte wie *Moral*, *Ethik* oder *Sinn* sind in bestimmten Teilbereichen der Wirklichkeit legitim verwendbar, zum Beispiel in dem des menschlichen Bewusstseins oder zwischenmenschlicher Interaktionen, nicht aber in Teilbereichen, die sich mit dem freien Fall eines Steins oder dem Wachstum einer Pflanze befassen.

Seit wir im 17. Jahrhundert begonnen haben zu verstehen, was wissenschaftliches Fragen bedeutet, haben wir auch eine harte Lektion gelernt, die wir nur allzu gern vergessen: Wenn Tatsache und Theorie frontal aufeinanderprallen, dann schränken wir die Theorie ein oder verwerfen sie. Das tun wir selbst dann, wenn es sich dabei um eine liebgewonnene Theorie über Beschaffenheit und Funktionsweisen der Dinge handelt. Eine Tatsache oder die Bedeutung ihrer Existenz werden nicht abgestritten. Das klassische Beispiel dafür ist Alexander Flemings Entdeckung des Penicillins. Unter vielen Petrischalen mit Bakterien reagierte er auf die eine, in der die Bakterien *nicht* wuchsen oder sich vermehrten. Er kam *nicht* zu dem Schluss, dass diese spezielle Probe nicht existierte, unwichtig oder eine Ausnahme sei. Er ließ sich überraschen!

Die Existenz von PSI-Ereignissen zeigt, dass es einen Teilbereich der wahrgenommenen Wirklichkeit, einen Erfahrungsbereich gibt, in dem solche Ereignisse gültig und „normal" sind. Wir müssen auf

die Erkenntnis dieses Teilbereichs, seiner Gesetze und einschränkenden Grundprinzipien hinarbeiten. Ein Schritt in diese Richtung führt über den Satz des Augustinus: „Wunder, die gegen die
Naturgesetze verstoßen, gibt es nicht. Es gibt lediglich Ereignisse,
die gegen unsere begrenzte Kenntnis der Naturgesetze verstoßen."
Wenn wir mehr über die Naturgesetze lernen, die für PSI gelten
(und das müssen wir, indem wir eine eigenständige Wissenschaft
vom PSI entwickeln), dann werden wir feststellen, dass diese Gesetze unsere Sicht der Wirklichkeit erweitern, statt sie – wie wir
oft befürchten – zu zerstören. Unsere sensorisch gewonnene Sicht
dessen, „was ist", durch die wir biologisch überleben, bleibt uneingeschränkt gültig. Aber wie Freud, Einstein, Planck und Picasso
mit ihrer Erweiterung unserer Sicht der Wirklichkeit gezeigt haben,
gibt es dann noch mehr. Und dieses „Mehr" wird neue Ausblicke
eröffnen, neue Möglichkeiten, neue Wege zum Verständnis dessen,
was wir Menschen sind und was wir werden können. Wie der große
französische Philosoph Henri Bergson 1913 in seiner Präsident-
schaftsrede vor der *Society for Psychical Research* sagte: „Die
Natur hat noch weitaus mehr Geheimnisse zu offenbaren, als bis
jetzt enthüllt worden sind … Das Letzte, was ein Wissenschaftler
sagen wird – wenn er denn ein echter Wissenschaftler ist – lautet:
,Das ist unmöglich.'"

Auch nach einem weiteren Jahrhundert wissenschaftlichen Fort-
schritts würden wohl nur die wenigsten Wissenschaftler bezweifeln, dass Bergsons Feststellung heute noch genauso zutreffend ist,
wie sie es immer schon war.

PSI ist ein schrecklich wichtiges Abenteuer. Es ist der Joker bei
unserem scheinbar hoffnungslosen Versuch, die menschliche Spezi-
es von der Liste der bedrohten Arten zu streichen. Wie der Physiker

und Parapsychologe Robert McConnell 1982 bei der Versammlung anlässlich des hundertjährigen Bestehens der *Society for Psychical Research* sagte, hängt unser Umgang mit einer Sache davon ab, wie wir sie wahrnehmen und definieren. Ich kann ein bestimmtes Möbelstück als Tisch betrachten (auf den ich Dinge stellen kann), als Feuerholz (zum Verheizen), als Couch (zum Draufliegen), als Müll (zum Wegwerfen) oder als Kunst (die ins Museum gehört). Wenn es uns nicht gelingt, unsere Sicht und Definition des Menschen zu ändern, werden wir nicht aufhören können, uns gegenseitig umzubringen und den einzigen Planeten, den wir haben, zu vergiften. Die mediale Forschung verfügt über die Daten, durch die wir uns selbst und andere neu sehen können.

Sowohl die bedürfnisbedingten als auch die fehlerbedingten Ereignisse haben immense Bedeutung für das Wesen des Menschen und den Aufbau des Universums. Der Unterschied zwischen beiden besteht darin, dass man sich bei den fehlerbedingten Ereignissen – dem überschaubaren Kartenraten – auf die Statistik konzentrieren und ihre Bedeutung ignorieren kann. (Oder man kann sich amüsieren und zerstreuen, indem man versucht, sie mit den Begriffen der Quantenphysik zu „erklären".) So leicht kann man es sich bei den komplexen bedürfnisbedingten Ereignissen, wie etwa den beiden, die zu Beginn dieses Kapitels geschildert wurden, nicht machen.

Aber wir müssen den Mut aufbringen. Wir müssen uns der Möglichkeit öffnen, dass wir Dinge entdecken werden, die so neu und verblüffend sind, dass sie unsere vorgefassten Meinungen über uns selbst und das Universum, in dem wir leben, verändern. Bis jetzt haben wir diesen Mut noch nicht aufgebracht. Vielleicht werden wir ihn angesichts des sich abzeichnenden Artensterbens jetzt finden. Vor uns liegt die Chance auf ein großes Abenteuer.[7]

---

7   Unter den vielen Versuchen, die verschiedenen Berichte über PSI zu erklären

Fallgeschichte
„DIE VERLORENE HARFE"[8]
Elizabeth L. Mayer

Meine elfjährige Tochter Meg, die sich mit sechs Jahren ins Harfenspiel verliebte, hatte gerade begonnen, öffentlich aufzutreten. Sie spielte keine klassische Pedalharfe, sondern ein kleineres äußerst wertvolles Instrument, das ein Meister der Harfenbaukunst für sie angefertigt hatte. Nach einem Weihnachtskonzert wurde

---

findet sich die beste Beschreibung, die ich kenne, in John Beloffs Werk *The Relentless Question*: Reflections on the Paranormal (McFarland 1990, nicht ins Deutsche übersetzt). Einen sehr lesenswerten Überblick über das Gebiet geben Robert M. Schoch und Logan Yonavjak in *The Parapsychology Revolution* (Tarcher, 2008, nicht ins Deutsche übersetzt). Insgesamt gesehen, befinden wir uns bei dem Versuch, festzulegen, was unsere Beobachtungen von PSI-Ereignissen „bedeuten", etwa in derselben Lage wie Richard Smoley und Jay Kinney, als sie versuchten, sich mit dem Problem der UFO-Sichtungen zu befassen. Sie schreiben: „Alle heutigen Erklärungen – gleich ob sie von Überzeugten oder Skeptikern vorgebracht werden – sind extrem dürftig. Es ist ebenso absurd, sämtliche Sichtungen Sumpfgasen oder Düsenjets zuzuschreiben, wie zu behaupten, sie kämen von weit entfernten Planeten. Wie Jung sagte: ‚Uns bleibt nur der Schluss, dass etwas geschieht, aber wir wissen nicht, was.'" (Smoley, Richard und Kinney, Jay, *Hidden Wisdom*: *A Guide to the Western Inner Traditions*, Quest 2006, nicht ins Deutsche übersetzt). Mehrere Jahre nach dem Carrington-Fall sprach ich mit Mrs. Garrett darüber. Sie sagte, sie halte ihn für höchst beweiskräftig, sie wisse nur nicht, wofür!

8   Zuerst erschienen in Mayer, Elizabeth L., *Extraordinary Knowing: Science,. Scepticism and the Inexplicable Powers of the Human Mind,* Bantam Dell 2007.

ihre Harfe aus dem Saal gestohlen, in dem sie gespielt hatte. Zwei Monate lang versuchten wir über alle nur vorstellbaren Kanäle, sie ausfindig zu machen: Die Polizei, Instrumentenhändler im ganzen Land, die Newsletter der *American Harp Society*, ja sogar der Fernsehsender CBS berichtete in den Nachrichten darüber. Aber vergeblich.

Schließlich sagte mir eine kluge und treue Freundin: „Wenn Ihr diese Harfe wirklich wiederhaben wollt, dann solltet ihr zu allem bereit sein. Versucht es doch einmal mit einem Rutengänger." Bis dahin wusste ich über Rutengänger nur, dass das jene seltsamen Gestalten sind, die mit gegabelten Stöcken nach unterirdischen Wasseradern suchen. Meine Freundin behauptete jedoch, die „wirklich guten" Rutengänger könnten nicht nur Wasser, sondern auch verschwundene Gegenstände aufspüren.

Verschwundenes mit gegabelten Stöcken ausfindig machen? Nun ja, bei der Polizei tat sich nichts, und meine Tochter, die nach mehreren Jahren des Spielens auf diesem außergewöhnlichen Instrument verwöhnt war, fand alle normalen Harfen, die wir mieteten, schlicht unspielbar. Etwas peinlich berührt, aber verzweifelt genug beschloss ich daher, die Herausforderung, vor die mich meine Freundin gestellt hatte, anzunehmen. Ich fragte sie, ob sie wohl einen wirklich guten Rutengänger ausfindig machen könne – wenn möglich den besten. Sie rief postwendend bei der *American Society of Dowsers* (Amerikanische Gesellschaft der Rutengängerinnen und Rutengänger) an und meldete sich wieder mit der Telefonnummer des damaligen Präsidenten der Gesellschaft, Harold McCoy, in Fayetteville, Arkansas.[9]

---

9   Kurz nachdem er meine Harfe gefunden hatte, gründete Harold McCoy das
     Ozark Research Institute (Forschungsinstitut Ozark), das Phänomene wie
     Heilung durch Handauflegen, Fernheilung, Rutengehen auf Karten, Gedan-

Noch am selben Tag rief ich ihn an. Harold war gleich selbst am Telefon, freundlich, fröhlich und mit starkem lokalen Akzent. Ich sagte, ich habe gehört, er könne verschwundene Gegenstände ausfindig machen; mir sei in Oakland in Kalifornien eine wertvolle Harfe gestohlen worden. Ob er mir wohl helfen könne, sie wiederzufinden?

„Erlauben Sie mir eine Sekunde", erwiderte er. „Dann sage ich Ihnen, ob sie noch in Oakland ist." Er schwieg einen Moment und sagte dann: „Ich kann Ihnen sagen, sie ist immer noch in Oakland, und ich werde die Harfe für Sie finden." Skeptisch – andererseits, was hatte ich zu verlieren – schickte ich ihm per Kurier einen Stadtplan. Zwei Tage später rief er wieder an. „Ich habe die Harfe aufgespürt", sagte er. „Sie befindet sich im zweiten Haus auf der rechten Seite in der D…Street, gleich nach der Abzweigung von der L…Avenue."

Beide Straßennamen hatte ich noch nie gehört. Aber ich mochte den Klang der Stimme dieses Mannes, wer er auch sein mochte. Und wenn ich mich einmal auf etwas eingelassen habe, dann mache ich nicht gern einen Rückzieher. Warum also nicht zu dem Haus fahren, das er erkannt hatte? Zumindest hätte ich dann die genaue Adresse. Ich schaute auf dem Stadtplan von Oakland nach und fand die Gegend. Sie war meilenweit von allem entfernt, wo ich jemals gewesen war. Ich stieg ins Auto, fuhr nach Oakland hinein, fand das Haus, schrieb mir die Nummer auf, rief die Polizei an und sagte, ich habe einen Hinweis erhalten, wonach die Harfe in diesem Haus sein könne. Das reiche nicht für einen Durchsuchungsbeschluss, meinten sie. Sie würden den Fall abschließen – es könne einfach gar nicht anders sein, als dass dieses einzig-

---

kenformen und andere Gebiete der „Gedankenkraft" erforscht. Heute hat das ORI (www.ozarkresearch.org) 3000 Mitglieder in 24 Ländern.

artige, tragbare und hervorragend veräußerbare Instrument nicht bereits verkauft worden sei. Die Harfe sei wohl endgültig weg.

Aber ich fand, ich konnte es dabei einfach nicht bewenden lassen. Lag es an der Herausforderung? Lag es an meiner Bewunderung für die Freundin, die das Ganze ins Rollen gebracht hatte? Lag es an meiner völlig verzweifelten Tochter? Oder lag es einfach daran, dass ich den Klang der Stimme am anderen Ende der Telefonleitung aufrichtig mochte?

Ich beschloss, im Umkreis von zwei Blocks um das Haus herum Zettel zu verteilen, auf denen ich eine Belohnung für die Rückgabe der Harfe versprach. Das war eine verrückte Idee, aber warum nicht? Ich verteilte die Zettel in den beiden Blocks und nirgendwo sonst. Was ich tat, war mir so peinlich, dass ich nur wenigen sehr guten Freunden davon erzählte.

Drei Tage später klingelte mein Telefon. Ein Mann sagte, er habe vor seinem Haus einen Zettel gesehen, auf dem eine gestohlene Harfe beschrieben sei. Er sagte, das sei genau die Harfe, die sein Nachbar im Haus nebenan vor kurzem gekauft und ihm gezeigt habe. Er wollte mir weder Name noch Telefonnummer nennen, bot mir aber an, die Harfe zurückzubringen. Nach einer ganzen Reihe weitschweifiger Anrufe sagte er mir zwei Wochen später, ich solle mich um 22 Uhr auf dem Parkplatz hinter einem Safeway-Supermarkt, der die ganze Nacht geöffnet hatte, mit einem Jungen treffen. Bei meiner Ankunft entdeckte ich einen jungen Mann, der auf dem Parkplatz herumlungerte. Er sah mich an und fragte: „Die Harfe?" Ich nickte. Wenige Minuten später lag die Harfe im Kofferraum meines Kombi, und ich fuhr davon.

Als ich fünfundzwanzig Minuten später in meine Einfahrt einbog, kam mir der Gedanke: *Das ändert alles.*

Und ich hatte recht. Die Harfe hat meine Arbeit als Ärztin und

Psychoanalytikerin verändert. Sie veränderte die Art der Forschung, die ich betreibe. Sie veränderte meine Auffassung von „gewöhnlich" und „ungewöhnlich". Aber am allermeisten veränderte sie mein relativ etabliertes, relativ gefestigtes, relativ sicheres Empfinden dafür, was die Welt zusammenhält. Wenn Harold McCoy tatsächlich getan hatte, wonach es denn ganz offensichtlich aussah, dann musste ich mich der Tatsache stellen, dass meine Auffassung von Zeit, Wirklichkeit und dem Wesen des menschlichen Geistes erstaunlich unzutreffend waren. So beunruhigend diese Erkenntnis war, so hatte sie doch auch etwas Beeindruckendes, ja Aufregendes an sich.

In den folgenden Monaten hatte ich viele schlaflose Nächte. Ich stand in einem starken inneren Zwiespalt. Ich wachte regelmäßig um drei Uhr morgens auf und war mir sicher, wenn ich mir nur ein klein wenig mehr Mühe gäbe, ein wenig klarer dächte, dann fände sich bestimmt eine beruhigend rationale Erklärung dafür, wie diese Harfe wieder in mein Wohnzimmer gelangt war, wo sie hingehörte. Schließlich hörte sich ein Freund, Professor für Statistik in Berkeley, meine verworrenenen Überlegungen an und erwiderte entnervt: „Jetzt komm schon darüber hinweg und schlaf wieder durch, Lisby. Als Statistiker kann ich dir versprechen, dass die Chancen, dass Rutengehen funktioniert, sehr viel größer sind, als dass dies Zufall war."

2

Was wissen wir heute
über mediale Phänomene?

Das Tatsächliche kann nicht unmöglich sein.

Gustav Theodor Fechner

Bevor wir mit unserem Versuch beginnen, eine Wissenschaft von
den sinnvollen medialen Ereignissen zu entwerfen, wollen wir uns
vergegenwärtigen, was wir heute wissen. Was ist in den letzten gut
hundert Jahren herausgekommen, in denen sehr viele Frauen und
Männer, oft von höchstem Kaliber, sich mit diesem Gebiet befasst
haben? Wenn wir nicht wissen, wo wir stehen, bevor wir uns auf
den Weg machen, so erinnert mich das an die Geschichte, die der
Psychologe Abraham Maslow von dem Flugzeugpiloten erzählte,
der an seine Basisstation funkte: „Wir haben uns verirrt, aber wir
kommen wunderbar voran!"

Ein Überblick über die umfangreiche Literatur zu diesem Thema
würde den Rahmen dieses Buches sprengen. Stattdessen möchte
ich hier zusammenfassen, was wir bei diesen umfassenden Forschungen als wahr erkannt haben und was wir für höchstwahr-
scheinlich wahr halten. Tatsächlich wissen wir wesentlich mehr, als
wir meinen. Gehen wir einmal von einer hypothetischen Situation
aus:

Wir haben zwei Paare, bestehend aus jeweils zwei Personen. Die
ersten beiden, Joe und Jim, sind beide Justiziare bei einem Unter-

nehmen, beide einen Meter achtzig groß, haben beide ein braunes und ein graues Auge und einen Hund namens Spot. Der eine lebt in New York, der andere 1300 Kilometer weit weg in Chicago. Sie haben noch nie voneinander gehört und sind sich noch nie begegnet. Das zweite Paar sind Harry und Lucy. Er ist Künstler, sie ist Wissenschaftlerin. Er liebt die Oper, sie bevorzugt Baseball-Spiele. Er ist 1,78 m groß, sie 1,57 m. Er lebt in Baltimore, sie fast 4500 Kilometer weit weg in Los Angeles. Vor zehn Jahren hatten sie eine kurze, heftige Affäre, seither haben sie einander nicht mehr gesprochen und auch nichts voneinander gehört.

Bei beiden Paaren stirbt einer unerwartet bei einem Autounfall. Bei einem Paar sieht der Überlebende eine Erscheinung des verstorbenen Anderen. Der plötzlich Verstorbene erscheint dem Lebenden, so dass dieser (oder diese) glaubt, er bzw. sie sehe den anderen tatsächlich. Er nimmt Augenkontakt auf oder stellt in anderer Weise Kontakt her und verschwindet dann ebenso plötzlich, wie er erschienen ist. Die Zahl erwiesener Fälle dieser Art ist so groß, dass wir sie in den Fachzeitschriften über mediale Forschung gar nicht mehr veröffentlichen.

Bei welchem Paar tritt diese Totenerscheinung auf? Bei Joe und Jim oder bei Harry und Lucy?

Für jeden, der auch nur ein klein wenig Erfahrung auf diesem Gebiet hat – und für die meisten anderen auch – ist das gar keine Frage. Es sind eindeutig Harry und Lucy.

Bestimmte Aspekte des Paranormalen verstehen wir. Die Forschungen der letzten gut hundert Jahre haben uns ein Stückchen weitergebracht. Dabei haben sich die folgenden Fakten herausgestellt. Sie können heute als gesichert und bewiesen gelten.

1. Manchmal zeigen Menschen eindeutig, dass sie über bestimmte konkrete Informationen verfügen, die sie nicht über die sinnliche Wahrnehmung oder durch Extrapolation mithilfe der durch sinnliche Wahrnehmung gewonnenen Daten erhalten haben können. Wenn diese Informationen zur selben Zeit einem weiteren Menschen bekannt waren, dann bezeichnen wir dieses Phänomen nach allgemeiner Übereinkunft als „Telepathie". Waren die Informationen niemand anderem bekannt, existierten sie aber in nachweisbarer Form, so bezeichnen wir das Phänomen als „Hellsichtigkeit". Existiert die Information noch nicht in der Uhr-Kalender-Zeit, so bezeichnen wir das Phänomen als „Präkognition".

2. Raum oder andere physikalische Faktoren (wie etwa Wände oder die Erdkrümmung) zwischen der ursprünglichen Informationsquelle und der Person, die offensichtlich über die Information verfügt, spielen keine Rolle. Telepathie funktioniert anscheinend immer in etwa gleich, egal ob sie aus 1000 Kilometern Entfernung oder aus dem Nebenzimmer kommt.

3. Emotionale Faktoren sind die wichtigsten (und tatsächlich auch die einzigen) Faktoren, von denen wir wissen, dass sie den augenscheinlichen Ursprung der Information mit der Person verbinden, die nachweislich darüber verfügt. Es ist jedoch mit großer Sicherheit davon auszugehen, dass es weitere Verbindungen gibt, von denen wir nichts wissen.

4. Viele Menschen bekommen Angst, wenn sie von Beispielen für PSI hören oder lesen oder durch eigenes Erleben eine Bestätigung für die Existenz von PSI erhalten.

Die Stärke dieser Angst sollte nicht unterschätzt werden. Sie hat dazu geführt, dass die Daten der parapsychologischen Forschung von einer großen Anzahl von Menschen mit sehr viel schärferen Worten, als sie sie sonst gebrauchen würden, in Bausch und Bogen verworfen worden sind. Denken wir zum Beispiel nur an den Naturphilosophen Alexander von Humboldt. Er lebte Anfang des 19. Jahrhunderts und war einer der größten Wissenschaftler der letzten Jahrhunderte. Er sagte, ganz gleich, wie die Beweise für die Existenz des PSI auch geartet seien, er glaube nicht daran. „Weder das Zeugnis aller Mitglieder der Königlichen Gesellschaft noch der Beweis durch meine eigenen Sinne könnte mich dazu bringen, an die Gedankenübertragung von einem Menschen auf einen anderen unabhängig von den anerkannten Kanälen der sinnlichen Wahrnehmung zu glauben. Das ist eindeutig unmöglich." Lieber wollte er seine lebenslang vertretene Haltung gegenüber der Wissenschaft und wissenschaftlichen Methoden aufgeben, als sie zu ändern. Ein großer Wissenschaftler behauptet also, dass er so viel über die Wirklichkeit weiß, dass das Universum keinerlei Überraschungen für ihn mehr bereithält. Das ist zweifellos ein tröstlicher und beruhigender Glaube, bei einem Wissenschaftler allerdings erstaunt er.[10]

In jedem Fall ist dies alles, was wir über große, bedeutende mediale Ereignisse sicher wissen. An dieser Stelle müssen wir sehr vorsichtig sein, wie wir dieses Wissen formulieren. Begriffe wie *Sender*, *Empfänger*, *Energie*, *Übertragung* und viele andere tragen eine schwere Folgenlast mit sich. Diese kann unser Denken und unsere Problemlösungsversuche unbewusst beeinflussen.

So viel zu dem, was wir in der medialen und parapsychologi-

---

10 Zitiert von Walter Franklin Prince in Murchison, Carl, *The Case For and Against Psychical Belief*, Clark University Press 1927.

schen Forschung wissen. Nach über einem Jahrhundert wissenschaftlicher Studien steht das Urteil über diese Fakten fest. Jeder, der sie in Frage stellt, hat schlicht und einfach seine Hausaufgaben nicht gemacht.

Andere Einzelheiten auf diesem Gebiet sind jedoch weniger gewiss. Es sind Einzelheiten, die alle, die sich auf dem Gebiet auskennen, als beinahe sicher wahr betrachten, bei denen aber ein geringer Zweifel bleibt. Dazu gehören:

1. Keine der beiden am meisten diskutierten Hypothesen zur Erklärung der Daten ist angebracht. Die erste Hypothese, die sogenannte „Super-ASW", besagt, dass alle Beweise mit einer Form der Telepathie oder Hellsichtigkeit zu erklären sind. Die zweite Hypothese lautet, die Beweise ließen sich durch die Existenz diskarnierter (nicht inkarnierter) Wesen erklären. An dieser Stelle geht es nicht darum, ob beide oder eine von ihnen zutreffen oder nicht. Keine der beiden schließt die andere aus. Jede scheint eine vernünftige Erklärung für manche Ereignisse abzugeben, aber sowohl zusammen als auch einzeln sind sie als Methode zur Formulierung oder Erklärung aller Ereignisse, für die wir belastbare Beweise haben, keineswegs zufriedenstellend. Wir brauchen ein drittes Erklärungssystem, bei dem vorstellbar ist, dass es eine oder beide der genannten Hypothesen einschließt.

2. Relative physische Bewegung zwischen der Informationsquelle und der Person, die sie erlangt hat, spielt keine Rolle.

3. Komplexe PSI-Ereignisse stehen im Zusammenhang mit der Konstellation der Emotionen um die beteiligten Personen oder Dinge.

4. Die Gesetze, die für die Magie gelten (verstanden etwa im

Sinne von J. G. Frazers Klassiker *Der goldene Zweig*[11])
gelten nicht für das Gebiet der medialen Forschung. Diese
Grundgesetze der Magie lauten:

Das Gesetz der Ähnlichkeit: Wenn sich zwei Dinge in einer
Weise ähneln, dann ähneln und beeinflussen sie sich auch in
anderen Arten und Weisen. Wenn eine Pflanze herzförmige
Blätter hat, kann sie auf das Herz einwirken. Wenn ich im
Rahmen der richtigen Zeremonie Wasser auf den Boden
sprenkele, dann bringt das wahrscheinlich Regen.

Das Gesetz der Verbundenheit: Waren zwei Dinge einmal
miteinander verbunden, so sind sie immer miteinander
verbunden. Wenn ich zum Beispiel deine weggeworfenen
Fingernägel auf eine Puppe lege und in diese Puppe hinein-
steche, dann spürst du den Schmerz.

Diese beiden Gesetze gelten nicht für das Zustandekommen
komplexer medialer Ereignisse.

5. Die Zeitschranke kann zuweilen durchbrochen werden. So-
    wohl bei komplexen Ereignissen als auch bei eng begrenzten
    Studien haben Menschen manchmal Kenntnis von Ereig-
    nissen gezeigt, die sie nicht aus zum jeweiligen Zeitpunkt
    existierenden Daten extrapoliert haben konnten, und die in
    der Uhr-Kalender-Zeit noch nicht stattgefunden hatten.

6. Wenn jemand über eine Information verfügt, die er oder sie
    unbedingt geheimhalten will, dann kann diese Information
    von anderen nicht durch mediale Methoden erlangt werden.

7. Wenn jemand mediale Informationen erlangt und weiß,
    dass diese von einem anderen Menschen kamen, kann der
    Empfänger oder die Empfängerin (dennoch) nicht sagen, ob

---

11 Frazer, J. G. *Der goldene Zweig. Das Geheimnis von Glauben und Sitten der
   Völker*, C. L. Hirschfeld Verlag 1928.

sie diesem Menschen bewusst gegenwärtig waren oder weit unterhalb dessen bewusster Wahrnehmung lagen.

8. Unter sehr seltenen Bedingungen, deren nähere Beschaffenheit unbekannt ist, kann mediale Intention die Bewegung von Materie beeinflussen.[12]

9. Es gibt etwas in oder im Zusammenhang mit der menschlichen Persönlichkeit, dessen Existenz im Moment des körperlichen Todes nicht beendet ist. (Ein großer Prozentsatz der Erscheinungen Verstorbener treten in messbarem Abstand nach dem Tod des Körpers auf.)

Ein faszinierender Vorschlag stammt von zwei unserer kenntnisreichsten und sorgfältigsten Kollegen auf dem Gebiet des PSI, Justa Smith und Charles Honorton. Er ist zwar neu (zumindest für mich) und nicht im selben Maße anerkannt wie die anderen Konzepte, die ich hier vorstelle, aber er hat ein so großes Potenzial, dass er es wert ist, in diese Liste aufgenommen zu werden. Zumindest, so glaube ich, wird er die meisten, die sich ernsthaft mit PSI befassen, zutiefst nachdenklich stimmen.

Die Biochemikerin Justa Smith hatte mit Oskar Estebany, einem Geistheiler mit ausgezeichnetem Ruf, sowie einigen anderen Heilern zusammengearbeitet. Sie hatten versucht, Enzyme in Teströhrchen zu beeinflussen. Zu ihrer Überraschung stellte sich heraus, dass, wären die Enzyme in einen menschlichen Körper gelangt, sie dort in jedem Fall eine Verbesserung des Gesundheitszustandes bewirkt hätten. Dazu bemerkte Smith unter anderem:

---

12 Es wurde beobachtet, dass mithilfe der „Intention" kleine, aber bedeutende Veränderungen in der Zahlenfolge bewirkt werden konnten, die ein Zufallsgenerator erstellte. Haben wir damit vielleicht sogar einen flüchtigen Blick auf einen neuen Faktor in der Evolution erhascht, nämlich die „zufälligen" Abweichungen im genetischen Aufbau, die bei einer Art zu Veränderungen führen?

Wir haben bei allen Heilern drei verschieden Enzymarten verwendet. Jeder verfügte über eigene Proben. Wir verwendeten Trypsin, NADH und Glycophosphotase. Beim Trypsin verstärkte sich die Wirkung, was hilfreich wäre. Die Aktivität der Phosphotase verringerte sich, was in positiver Weise hilfreich wäre. Das NADH blieb unbeeinflusst, aber da NADH ausgeglichen ist, wäre jede Veränderung undienlich gewesen. Ich schließe daraus, dass die Wirkung eines Heilers auf ein Enzym immer in eine positive, hilfreiche Richtung weist. Die Heiler wussten nicht, welche Enzyme verwendet wurden oder in welche Richtung eine Veränderung hilfreich wäre. Keiner hatte enzymologische Vorkenntnisse.

Honorton beobachtete:

Das klingt äußerst wichtig. Wenn wir mit einem Zufallsgenerator im Nebenzimmer an der PK [Psychokinese, also die mentale Beeinflussung physischer Objekte] arbeiten, dann zielt die Wirkung auf die generierten Zahlen in Richtung auf eine größere Ordnung. Zeigt der Teilnehmer oder die Teilnehmerin Hinweise auf psychokinetische Fähigkeiten, werden die zufälligen Zahlen weniger zufällig und geordneter. Dabei spielt die Ursache der Zufälligkeit, thermisches Rauschen, radioaktive Verzögerung usw., keine Rolle, die Ordnung erfolgt immer in eine positive Richtung. Sie scheint ziel-orientiert.[13]

Alles, was wir wissen, einschließlich aller Daten aus der Geistheilung, scheint darauf hinzudeuten, dass PSI-Effekte in eine positive, ziel-orientierte Richtung gehen. Außerdem geht diese Richtung über das Wissen der Teilnehmer hinaus. So führen zum

---

13 Zitiert in LeShan, Lawrence und Twitchell, Arthur, Hrsg., *The Mallorca Conference on Human Potentialities*, Monographie, American Society for Psychical Research, 1977.

Beispiel medizinische Kenntnisse bei der Geistheilung nicht zu besseren Ergebnissen.

Wenn Sie mit einem beliebigen sich neu entwickelnden Wissensgebiet befasst sind und Ihre Kollegen beobachten, dann werden Sie feststellen, dass sie sich in drei Gruppen einteilen lassen. Links von Ihnen stehen diejenigen, die mehr glauben als Sie selbst (die mit der wilden Haartracht und der etwas weichen Birne). Rechts von Ihnen stehen diejenigen, die weniger glauben als Sie selbst (die strengen, engstirnigen Konservativen). Unmittelbar vor Ihnen steht eine kleine Gruppe von Kollegen, die sich mit Ihnen darin einig sind, was man glauben kann und was nicht (das sind die intelligenten Leute mit dem umfassenden Wissen).

Auf das Gebiet der medialen Forschung trifft das mit Sicherheit zu. Dennoch bin ich fest davon überzeugt, dass der Mittelweg, den ich in diesem Kapitel beschreite, im Einklang steht mit der überwältigenden Mehrheit all derer, die auf diesem Gebiet geforscht haben. Einige würden vielleicht gerne die eine oder andere Aussage von der Liste „wahrscheinlich richtig" auf die Liste „bereits bewiesen" versetzen. Ich glaube aber nicht, dass irgendwer, der sich auf diesem Gebiet ernsthaft auskennt, eine Aussage in die umgekehrte Richtung verschieben oder gar aus beiden Listen streichen wollte.

Mithin ist dies der momentane Stand der Dinge, was unsere Kenntnis des PSI anbelangt. Wir wissen tatsächlich schon Einiges. Wir haben eine solide Basis, von der aus wir zur nächsten Phase unseres Vorstoßes aufbrechen können. In Kapitel vier werde ich zeigen, wie eine echte Wissenschaft komplexer bedeutender PSI-Ereignisse aufgebaut sein kann.

Fallgeschichte
EIN RUF ZUR U-BAHN-STATION WIMBLEDON
Lawrence LeShan

Rosalind Heywood war eine liebenswerte Lady der englischen Gesellschaft. Im Ersten Weltkrieg war sie Krankenschwester im Nur-
sing Corps auf der türkischen Halbinsel Gallipoli (dem Schauplatz
der Dardanellenschlacht, d. Ü.) gewesen. Ihr Gatte, ehemaliger
Oberst in einem britischen Indien-Regiment, arbeitete inzwischen
im Zentrum von London. Er pendelte täglich mit dem Auto zu seiner Arbeitsstelle und kehrte gegen 18 oder 19 Uhr nach Hause
zurück. Er war ein schlanker, energiegeladener Mann, dem man
einen ausgezeichneten Gesundheitszustand nachsagte. Als sich
der nachfolgende Vorfall ereignete (Mitte der 70er Jahre), wohnte
die Familie im Londoner Vorort Wimbledon, in der Nähe der End-
station einer U-Bahn-Linie.

Im Laufe der Jahre hatte Mrs. Heywood gelegentlich ungewöhnliche mediale Erlebnisse gehabt. In solchen Momenten wusste
sie zum Beispiel, dass sie etwas Bestimmtes tun musste, das ihr
oft ganz sinnlos erschien. Diese Erlebnisse nannte sie „Befehle".
Hatte sie sie ausgeführt, stellte sie jedes Mal fest, dass sie wichtig
und ausgesprochen positiver Art gewesen waren. (In gewisser
Weise war es das Gegenteil des *Daimon* des Sokrates, seiner
inneren Stimme, die ihm lediglich sagte, wenn er etwas, das er
vorhatte, *nicht* tun sollte. Ihre „Befehle" wiesen sie stets nur an,
etwas zu tun.)

Eines anscheinend ganz gewöhnlichen Tages, sie war zu Hause, „erhielt sie Befehle". Sie sollte zur U-Bahn-Station gehen (etwa anderthalb Kilometer von ihrem Haus entfernt), und zwar zur Ankunft der 15-Uhr–Bahn. Da ihr Mann das Auto in London bei sich hatte, ging sie zu ihren Nachbarn, um sich deren Wagen auszuleihen. Die Nachbarin erklärte mir etwa drei Wochen später, Mrs. Heywood habe ruhig gewirkt, aber eine gewisse Dringlichkeit ausgestrahlt. Sie hatte einfach gesagt, sie brauche bitte unbedingt unverzüglich den Wagen der Nachbarn, ohne weitere Einzelheiten.

In der Stadt hatte ihr Mann etwa um diese Zeit einen Herzinfarkt erlitten. So etwas war ihm zuvor noch nie passiert. Verwirrt und desorientiert fiel ihm nichts Besseres ein, als nach Hause zu gehen. Er nahm die U-Bahn nach Wimbledon, kam dort um 15 Uhr an, schleppte sich geschwächt die Treppen zur Straße hoch und fragte sich, wie er wohl nach Hause kommen sollte.

Mrs. Heywood sah ihn, packte ihn ins Auto und fuhr ihn sofort ins Krankenhaus. Er wurde rasch auf die Intensivstation verlegt. Später sagte ihr der behandelnde Arzt (und bestätigte das noch später mir gegenüber erneut), wäre er nur eine Stunde später gekommen, hätten sie ihn wohl nicht mehr retten können. So aber erholte er sich rasch.

3

Normale und paranormale Kommunikation

Denkt man darüber nach, so ist es doch seltsam, dass die Dinge, die die Menschen am besten verstehen, insgesamt gesehen, diejenigen sind, die sie am wenigsten betreffen. Sie können die Planetenbewegungen vorhersagen, aber nicht das Wetter; sie haben die Tiefsee ausgelotet, können aber ihre eigenen Wünsche nicht ermessen; sie wissen mehr über Bier als über ihr Blut ... und im Kern all ihres Wissens liegt ein Geheimnis: Wie sie es erlangen.

Sinngemäß nach C. W. K. Mundle
„Strange Facts in Search of a Theory"[14]

Bevor wir weitermachen, möchte ich erwähnen, dass es noch etwas über PSI gibt, das wir mit großer Sicherheit für wahr halten. Es betrifft die großen Ähnlichkeiten zwischen „normaler" und „paranormaler" Kommunikation. Weil dieser Punkt komplex ist und

---

14 Proceedings of the Society for Psychical Research, Band 56, Teil 207, London 1973. Murphy vermutet weiter, dass angesichts der Ängste und Empörung, die Materialisten gegenüber der Idee von der Existenz des „Nonphysischen" entwickeln, viele moderne Menschen wohl genauso erschrocken auf die Vorstellung reagieren, es könne sich eines Tages erweisen, dass sie eine Seele haben, wie der mittelalterliche Mensch auf die Vorstellung reagiert hat, er könne keine haben.

mehr Klärung erfordert als die anderen, die ich angeführt habe, habe ich ihm ein eigenes Kapitel gewidmet.

Beginnen wir mit einer Klärung des Begriffs *paranormal*. Wie unterscheidet sich ein „paranormales Geschehen" von einem „normalen Geschehen"? Mit anderen Worten, was sind die Unterschiede zwischen Situationen, in denen Informationen durch die Sinne erlangt werden, und Situationen, in denen dies nicht der Fall ist?

Damit unsere Untersuchungen nicht von vornherein durch Vorurteile beeinflusst werden, wollen wir die beiden Arten der Wahrnehmung in neutrale Begriffe fassen. Verwenden wir statt des Begriffes *normale Wahrnehmung* also den Begriff *Wahrnehmung vom Typ A* und statt *paranormale Wahrnehmung* den Begriff *Wahrnehmung vom Typ B*. Ohne den emotionalen Ballast der Vorstellungen vom Normalen und Paranormalen sehen wir vielleicht klarer.

Angesichts der Beispiele für PSI-Geschehen, die unsere Aufmerksamkeit zunächst auf die Wahrnehmungen vom Typ B gelenkt haben, kommen wir zu der Frage, wie sie sich von „normalen" Wahrnehmungen vom Typ A unterscheiden. Was unterscheidet diese beiden Ereignistypen voneinander?

Sie sind eindeutig verschieden. Das empfinden wir sehr deutlich. Aber worin liegt dieser Unterschied?

Beginnen wir unsere Untersuchung mit einer einfachen Frage: Was ist der Unterschied zwischen Bedingungen, die das Auftreten erkennbarer Wahrnehmungen vom Typ A, und Bedingungen, die das Auftreten erkennbarer Wahrnehmungen vom Typ B begünstigen? Im Laboratorium der Psychologie untersuchen wir normale Wahrnehmungen vom Typ A seit nunmehr hundert Jahren. Zu welchen Schlüssen sind wir bei diesen Untersuchungen gelangt und wie unterscheiden sie sich von den Schlüssen, zu denen wir bei der Untersuchung der paranormalen Wahrnehmungen vom Typ B gelangt sind?

Zu unserer Überraschung stellen wir fest, dass es keine Unterschiede gibt. Bedingungen, die Wahrnehmungen vom Typ A begünstigen, begünstigen gleichermaßen Wahrnehmungen vom Typ B. Beginnen wir mit den Schlussfolgerungen von Gardner Murphy, der sein Leben lang beide Gebiete erforscht hat und sowohl Präsident der *American Psychological Association* als auch Präsident der *American Society for Psychical Research* war:

> Im Grunde nehmen wir auf dieselbe Weise durch die sinnlichen wie durch die außersinnlichen Prozesse Kontakt auf. ... Was die Psychologie anbelangt, so sind die grundlegenden Dynamiken auf beiden Gebieten dieselben. So hilft uns zum Beispiel alles, was uns auf der Ebene normaler Wahrnehmung zu klarem Wahrnehmen verhilft, auch auf der Ebene der paranormalen Wahrnehmung zu klarem Wahrnehmen.

Und weiter sagt Murphy:

> Dieselben allgemeinen Gesetze, die in der gesamten Psychologie gelten – Gesetze zum Aufbau der Welt der Wahrnehmung, zum Einfluss der Motivation darauf, zu den Gestaltprinzipien von Zugehörigkeit, Charakter, Geschlossenheit und Salienz, zur Motivsättigung und zur Rolle der Substitute dabei ... – gelten, so kann man feststellen, in vollkommener Weise auch für die paranormale Wahrnehmung.[15]

An anderer Stelle schreibt er:

> Meine eigene Auffassung lautet schlicht, dass wir es [in der Psychologie und in der Parapsychologie] durch und durch mit denselben Klas-

---

15 Murphy, Gardner, „Psychical Research and Personality", *Proceedings of the Society for Psychical Research*, Band 49, 1949-1952

sen von Phänomenen zu tun haben; dass die Triebkraft auf beiden Gebieten dieselbe ist, dass alles, was wir bei unseren Forschungen auf dem einen Gebiet herausfinden, zu Hypothesen führt, die sich mit sehr großer Wahrscheinlichkeit auch als zutreffend erweisen werden, wenn wir sie in der anderen Sphäre anwenden.[16]

Ganz ähnlich beschrieb auch der PSI-Forscher René Warcollier das Ergebnis seiner umfassenden und ergiebigen Studien: „Bei unseren Untersuchungen haben wir beobachtet, dass die Gesetze der normalen und der abnormalen Psychologie für die Telepathie gelten."[17] John Beloff, einer der erfahrensten und gründlichsten Parapsychologen, betont dasselbe: „Was bei ... der ASW oder der PK geschieht ... ist im Grunde von gleicher Art wie das, was bei unseren normalen kognitiven Prozessen oder bei unserem normalen freiwilligen Verhalten vor sich geht."[18] Und J. B. Rhine, eine der wichtigsten Persönlichkeiten in der modernen Parapsychologie, schrieb:

[PSI] weist, so wurde bereits festgestellt, einige der bekannten Merkmale kognitiver Fähigkeiten, wie Gedächtnis und Lernen, auf. Es reagiert positiv auf Motivation sowie auf Bedingungen, die die Konzentration von Anstrengungen begünstigen. Eine günstige Einstellung gegenüber der PSI-Fähigkeit, dem Experimentator und der Testsituation scheint recht einheitlich die Wirkung des PSI zu verbessern. Die Position, die eine bestimmte Aufgabe im Testaufbau einnimmt, spiegelt weitgehend dieselben Konfigurationsprinzipien

---

16 A.a.O.
17 Warcollier, René, *Mind to Mind*, Collier 1963
18 Beloff, John, „Trying to Make Sense out of the Paranormal", *Proceedings of the Society for Psychical Research*, Band 56, 1975

und Musterwirkungen, wie man sie bei einem ähnlichen kognitiven Verhalten findet. So treten zum Beispiel bei Tests, in denen die Ziele in Spalten angeordnet sind, mit einiger Wahrscheinlichkeit am Anfang und am Ende der Spalte größere Erfolge auf. ... Insgesamt zeigt das Verhältnis zwischen ASW-Leistungen und Einstellung, Schulnoten, Intelligenzquotient, Extraversion usw. ausreichende Übereinstimmungen, so dass wir davon ausgehen können, dass natürliche Funktionen der Persönlichkeit beteiligt sind.[19]

Mit Leichtigkeit könnte man noch viele solcher Zitate anführen und die langen Jahre sorgfältiger Laborexperimente Revue passieren lassen, die zu ihnen geführt haben. Aber das scheint hier nicht notwendig. Die Tatsachen sind klar. Psychologische und soziale Bedingungen, die die „normale" Wahrnehmung begünstigen, begünstigen auch die „paranormale" Wahrnehmung. Psychologische und soziale Bedingungen, die die „normale" Wahrnehmung behindern, behindern auch die „paranormale" Wahrnehmung. Worin liegen also die Unterschiede zwischen ihnen? Zu unserer Überraschung werden wir nur zwei finden können: 1.) den Sitz des Rätsels, 2.) die Häufigkeit der beobachteten Phänomene. Doch beschäftigen wir uns mit ihnen der Reihe nach.

In jeder Art von Information steckt ein Rätsel, eine enorme Wissenslücke darüber, wie wir die Information erlangt haben. Bei Typ

---

19 Rhine, J. B., „On Parapsychology and the Nature of Man", in Hook, S. (Hrsg.) *Dimensions of Mind*, Collier 1960. Weitere Forscher, die zu dem Schluss kamen, dass „normale" und „paranormale" Wahrnehmung ihrer Struktur nach dasselbe sind, sind unter anderem Ducasse, Thoules und Weisner sowie Moncrief. Siehe Ducasse, C. J., *Nature, Mind and Death*, Open Court 1951; Thoules, R. H. und Weisner, B. P., „The PSI Process in Normal and Paranormal Perception" in *Proceedings of the Society for Psychical Research*, Band 48, 1947 und Moncrief, M. M., *The Clairvoyant Theory of Perception*, Faber and Faber 1951.

A (normale Wahrnehmung) betrifft diese Lücke die Frage, wie die
Veränderungen in unserem Gehirn, die durch die sinnlichen Reize
ausgelöst wurden, zu bewusstem Erleben wurden. Wir haben Veränderungen im Gehirn. Dann haben wir bewusstes Erleben. Diese
beiden ähneln einander etwa so sehr – um in Arthur S. Eddington's
Worten zu reden – wie eine Telefonnummer einem Telefonteil-
nehmer ähnelt. Wie wird das eine in das andere übersetzt? Wir
wissen es nicht. Im Moment bleibt diese Lücke unüberbrückbar.
Eddington stellte fest:

> **Ein Einfluss … wirkt auf ein Nervenende ein und setzt damit eine
> Reihe physikalischer und chemischer Veränderungen in Gang, die an
> dem Nerv entlang zu einer Gehirnzelle geleitet werden; dort vollzieht
> sich etwas Rätselhaftes, und im Geist entsteht ein Bild oder eine
> Empfindung, das oder die nicht von sich behaupten kann, dem Reiz
> zu ähneln, der es bzw. sie ausgelöst hat.[20]**

Bei der Wahrnehmung vom Typ B (also der paranormalen Wahrnehmung), ist die Lücke praktisch genauso groß. Wie gelangt eine
Information von ihrer Quelle ins Bewusstsein? Plötzlich weiß ich,
dass meine Tochter achthundert Kilometer weit weg einen Autounfall gehabt hat. Ich kenne sogar ein paar zutreffende Einzelheiten.
Wie hat dieses Wissen die „Lücke" übersprungen? Wir wissen es
nicht. Im Moment bleibt diese Lücke unüberbrückbar.

Um in einer Analogie zu reden, es ist, als gäbe es einen versiegel-
ten Raum ohne Öffnungen in Wänden, Boden oder Decke. Durch
die Wände (die Sinne) gelangen ständig Besucher (sinnliche Wahrnehmungen) herein. Gelegentlich gelangt auch ein Besucher (eine

---

20 Eddington, Arthur S., *Science and the Unseen World*, Macmillan 1937.

paranormale Wahrnehmung) durch die Decke herein. Wir haben keinerlei Vorstellung, wie die Besucher auf dem einen oder dem anderen Wege hineingelangen können. Wir sind jedoch so sehr daran gewöhnt, dass sie durch die Wände hereinkommen, dass uns dies nicht mehr als rätselhaft erscheint. Ganz im Gegensatz dazu löst der seltene Besucher, der durch die Decke kommt, in uns die Emotion des Erstaunens aus. Wenn wir dann näher darüber nachdenken, kommen wir zu dem Schluss, dass solche Besuche, da es keine Öffnungen in der Decke gibt, „paranormal" und mithin unmöglich sind. Dabei vergessen wir, dass dieselben Schlussfolgerungen auch für unsere alltäglichen Besucher gelten, die durch die Wände kommen.

Als Erwiderung an den Psychologen, der wissen will, wie die paranormal erlangte Information ins Bewusstsein gekommen sein könnte, muss der Parapsychologe dieselbe Frage in Bezug auf das Material stellen, das der Psychologe in seiner täglichen Arbeit unhinterfragt akzeptiert. Denn beides ist gleichermaßen rätselhaft. Was also die Lösung des Problems anbelangt, kann der Parapsychologe berechtigterweise sagen: „Zeig mir deins, dann zeig ich dir meins." Der Autor Stuart Holroyd beobachtete bereits: „Das Wort paranormal beschreibt in Wirklichkeit nicht Ereignisse oder Fähigkeiten, sondern vielmehr die Grenzen, die dem westlichen Kulturkonstrukt seine Gestalt geben."[21]

Im Zweiten Weltkrieg war ein Rekrut an den Außengrenzen eines Ausbildungslagers in den staubigen Ebenen von Kansas zum Wachdienst eingeteilt. Ein Stabsunteroffizier machte ihm das Leben schwer (wie das Stabsunteroffiziere nun einmal seit unvordenklichen Zeiten tun), indem er ihm alle möglichen Fragen über seinen Dienst und seine Befehle stellte. Schließlich fragte er: „Was würden

---

21 Holroyd, Stuart, *PSI and the Consciousness Explosion*, Taplinger 1977

Sie tun, wenn Sie ein feindliches Kriegsschiff über die Ebene auf
das Lager zukommen sähen?" Der Rekrut antwortete: „Ich würde
‚Periskop ausfahren' schreien und es torpedieren." Der Stabsunteroffizier fragte: „Und woher haben Sie Ihr U-Boot?" Die Antwort
lautete: „Genau daher, wo Sie auch Ihr dämliches Kriegsschiff
herhaben!" Parapsychologen können berechtigterweise verlangen,
dass Psychologen ihr eigenes „Lückenproblem" bei den Wahrnehmungen vom Typ A lösen, bevor sie kategorisch behaupten, dass
die „Lücke" der Parapsychologen Wahrnehmungen vom Typ B
unmöglich und ungültig macht.

Der Biologe E. W. Sinnott schrieb: „Wie etwas so Inkompatibles
wie Geist und Körper so eng miteinander verflochten sein können,
treibt die Philosophie seit Ewigkeiten zur Verzweiflung."[22] 1910
sprach der Psychologe E. M. Weyer von „jener Brücke aus Spin-
nennetzen, die sich der Wissenschaft verschließt und den Abgrund
zwischen bewusstem Geist und empfindungsloser Materie über-
spannt".[23] Betrachtet man die Sache objektiv, so ist das Rätsel, wie
Information aus Joes zentralem Nervensystem in sein Bewusstsein
„springt", ebenso groß wie das Rätsel, wie Information von Janes
Bewusstsein in Joes Bewusstsein „springt". In beiden Fällen wissen
wir nicht, wie wir mit dem Problem umgehen sollen. C. E. M. Joad
stellte die Situation folgendermaßen dar:

**Wir haben nicht im Entferntesten eine Vorstellung davon, wie der
Übergang vom Ereignis im Gehirn zur Erfahrung im Bewusstsein
vollzogen wird. Dass es in unserem Wissen über die Art und Weise,
wie die Vorgänge in unserem Geist an einen anderen kommuniziert
werden, eine unüberbrückbare Lücke gibt, ist daher nicht so unge-**

22 Sinnott, E. W. *The Bridge of Life*, Simon and Schuster, 1966.
23 Weyer, E. M. „A Unit Concept of Consciousness", *Psychology Review* 17, 1910

wöhnlich, wie es zunächst erscheinen mag. Auch in unserem Wissen über die Art und Weise, wie die Vorgänge in Körper und Gehirn an den Geist kommuniziert werden, der beide beseelt, gibt es eine ebenso unüberbrückbare Lücke. Wir vergessen das Rätselhafte des Letzteren bloß deshalb, weil es alltäglich ist; und das Ungewöhnliche des Ersteren erstaunt uns lediglich darum, weil es selten ist.[24]

Daher liegt also der erste echte Unterschied, den wir zwischen Wahrnehmungen vom Typ A und solchen vom Typ B feststellen können, im Sitz unserer Wissenslücke. Bei Typ A liegt sie zwischen unserem Gehirn und unserem Bewusstsein. Bei Typ B liegt sie zwischen dem Bewusstsein eines anderen (oder dem „Zielobjekt") und unserem eigenen. Das Rätsel ist bei beiden gleich groß. Wir sind, wie Joad betont, erstaunt über das eine und nicht über das andere, weil eindeutige Wahrnehmungen vom Typ A alltäglich sind und erkennbare Wahrnehmungen vom Typ B nicht. Der zweite Unterschied, den wir feststellen können, liegt daher in der Häufigkeit ihres erkennbaren Vorkommens.[25]

---

24 Joad, C. E. M., Buchbesprechung *The New Statesman and Nation* 23, 1948, zitiert in Ehrenwald, Jan, *New Dimensions in Deep Analysis,* Grune and Stratton 1955.

25 G. N. M. Tyrrell („The Modus Operandi of Paranormal Cognition", *Proceedings of the Society for Psychical Research* 48, 1946) unterteilte in seiner Analyse Wahrnehmungen vom Typ B in zwei Teile – einen paranormalen und einen „normalen" Teil. Er bezeichnete sie als Stadium 1 und Stadium 2. Er zeigte, dass Stadium 2 allen Gesetzen der Wahrnehmungspsychologie folgt und betrachtete Stufe 1 als grundsätzlich nicht analysierbar. Das ist gewissermaßen ein noch feinerer Ansatz, als man ihn gewöhnlich auf diesem Gebiet antrifft. Allerdings machte Tyrrell den nächsten Schritt nicht mehr, in dem er hätte darauf hinweisen müssen, dass auch die normale Kognition zwei Stadien hat, nämlich sensorisch-neuronal und bewusst, und dass für

beide Stadien unterschiedliche Analysemethoden erforderlich sind. Selbstverständlich gibt es Philosophen, die behaupten, nachgewiesen zu haben, dass das Bewusstsein entweder nicht existiert oder eine Illusion ist. Mir ist jedoch vollkommen klar – und ich hoffe, Ihnen geht es ebenso – dass *mein* Bewusstsein existiert. Wenn Sie zu jenen Leuten gehören, die das Bewusstsein für eine Illusion halten, dann brauchen wir hier nicht weiter zu diskutieren. Im besten Falle machen wir uns in unserem Gespräch keinerlei Illusionen, und ich für mein Teil kann nicht erkennen, wie aus einem solchen Austausch etwas erwachsen sollte, was uns auch nur andeutungsweise weiterhelfen könnte. Der zweite Grund ist zwar emotional überzeugend, allerdings weniger stichhaltig, als es den Anschein hat. Um es mit den Worten von William James auszudrücken: „Der erste Unterschied zwischen dem medialen Forscher und dem unerfahrenen Laien besteht darin, dass Ersterer die Häufigkeit und Typikalität der Phänomene erkennt, wohingegen Letzterer, als der schlechter Informierte, sie für so selten hält, dass sie der Aufmerksamkeit nicht wert sind. Ich möchte hier die Häufigkeit zu Protokoll geben." Zitiert in Murchinson, Carl, *The Case for and Against Psychical Belief*, Clark University Press 1927.

Fallgeschichte
„EIN ERLEBNIS IM WALD"
Eda Leshan

Anmerkung von Lawrence LeShan: In der folgenden Geschichte geht es um ein Erlebnis meiner Frau, Eda LeShan, zu einer Zeit, als ich Menschen in Geistheilung ausbildete. Später befragte ich die darin erwähnte Tante, und sie bestätigte die Geschichte voll und ganz. Der folgende Bericht ist mit Edas Worten wiedergegeben, so wie er in ihrem Buch *On Living Your Life*[26] erschienen ist:

In den ersten Jahren empfand ich Larrys Forschungen als große intellektuelle Anregung, bis ich schließlich auch einmal die unmittelbare emotionale Erfahrung als Teilnehmerin an einem seiner Workshops in Kalifornien machen wollte. Paranormale Erfahrungen können durch eine Ausbildung in der Kunst der Meditation begünstigt werden, und meditieren zu lernen, ist harte Arbeit. In meinem Fall bestand sie aus einem fünftägigen Kurs, bei dem wir zwischen acht und zehn Stunden am Tag gearbeitet und versucht haben, unseren Verstand unter Kontrolle zu bringen. Es gibt nichts Schwierigeres, als nur eine Sache auf einmal zu tun – und genau darum geht es in der Meditation. Sie ist ein geistiges Training, gerade so wie man den Körper trainieren kann, um ihn durch Ausdauersportarten, Gewichtheben oder Tennis physisch besser unter Kontrolle zu bringen.

Eigentlich hatte ich nicht erwartet, dass ich etwas erleben wür-

---

26 Harper and Row 1982. Nicht ins Deutsche übersetzt. (Anm. d. Ü.)

de. Ich war viel zu praktisch und bodenständig veranlagt, viel zu fest in der alltäglichen Welt meiner Sinne verankert, um irgendwie mystisch geartete Erlebnisse zu haben. Der rationale Humanismus meiner Kindheit saß viel zu tief, als dass ich den Sprung in einen irgendwie veränderten Bewusstseinszustand hätte machen können.

Sehr zu meinem Erstaunen spürte ich nach ein paar Tagen, in denen ich mich aufrichtig bemühte, den Übungen zu folgen, dass in mir eine Veränderung eintrat. Es geschahen seltsame Dinge, die ich mir mit meiner wohlgeordneten Weltsicht nicht erklären konnte. Mein Geist wuchs mir über den Kopf!

Vor Beginn des Seminars in Kalifornien hatte in New York eine Geburtstagsfeier für meine Mutter stattgefunden. Sie litt seit vielen Jahren unter einer Herzkrankheit, aber an jenem Abend wirkte sie ausgesprochen fröhlich, entspannt und liebevoll. Daher war der Schock besonders groß, als mein Vater ein, zwei Tage später anrief und berichtete, sie sei wieder im Krankenhaus, habe starke Schmerzen – und große Angst. Mein Bruder sagte, sie sei so aufgewühlt und verängstigt, dass anscheinend keinerlei Medikamente mehr halfen. Sie stöhnte und weinte sogar im Schlaf. Als ich mit meiner Mutter telefonierte, versicherte sie mir jedoch, es gebe überhaupt keinen Grund, nach New York zu kommen. Sie habe solche Episoden auch früher schon erlebt, und es ginge ihr bestimmt bald wieder besser.

Bei einer der Übungen, mit denen Larry den Menschen hilft, ins Meditieren hineinzukommen, begibt sich jeder Teilnehmer an einen Ort, an dem er alleine ist, und spricht einfach eine Viertelstunde lang seinen Vornamen laut vor sich hin. Dies deshalb, weil wir unseren Namen nur sehr selten von uns selbst hören. Das kann unsere übliche Wahrnehmung von der Welt so weit erschüttern, dass neue, andersartige mentale Erfahrungen möglich werden.[27] In der wunderschönen waldigen Umgebung fanden wir alle mit Leichtigkeit einen Ort, an dem wir alleine waren, und Larry ging vom einen zum anderen, um nachzusehen, wie es uns erging.

Ich setzte mich auf einen Baumstumpf, schloss die Augen und fing an, immer und immer wieder „Eda, Eda" zu sagen. Das fühlte sich sehr seltsam an. Nach einer Weile – ich hatte keine Ahnung, wie viel Zeit verstrichen war; Larry sagte, es müssen etwa zehn oder fünfzehn Minuten gewesen sein – passierte mir etwas sehr Unheimliches. Ich empfand, als löse ich mich von dem Gefühl, ein einzelner Mensch zu sein, der auf einem Baumstumpf sitzt, und bewege mich plötzlich hinaus in den Weltraum – als sei ich Teil des gesamten Universums geworden und als sei dies ein wunderbarer Ort, an dem ich mich geborgen fühlte – fast, als wäre ich ein winziger Stern in einer großen Galaxie. Mein erster Gedanke war, dass ich jetzt nie wieder Angst vor dem Sterben hätte, dass ich mich so sehr als Bestandteil eines größeren Universums fühlte, dass ich mir nie mehr allein und verlassen vorkommen könne, sondern für immer mit allem verbunden wäre. Ich dachte an meine Mutter und wünschte mir mehr denn je, diesen Augenblick mit ihr gemeinsam zu erleben und bei ihr zu sein. Ich wünschte mir, sie könnte spüren, was ich jetzt spürte, dieses Gefühl tiefen inneren Friedens, das Einssein mit einer Art universellem Alles, in dem sie und ich niemals getrennt sein könnten und in dem es solche heitere Gelassenheit, solche Ehrfurcht und solchen Frieden gab.

Ich brach in Tränen aus. Larry kam, wir saßen schweigend beieinander, und ich sagte ihm, was mit mir geschehen war. Die

---

27 Diese Meditation kann sehr aufwühlend sein. Ich empfehle sie nur Menschen, die in der Meditation bereits sehr erfahren sind oder sie unter Aufsicht machen. (Lawrence LeShan)

Übung hatte mich aus meinem gewöhnlichen Selbstempfinden herausgehoben, und ich hatte zu meiner großen Überraschung einen anderen Bewusstseinszustand entdeckt.

Noch am selben Tag rief mein Vater an und sagte mir, meine Mutter sei gestorben. Ich flog nach New York. Nach der Beerdigung half ich in der Wohnung meiner Eltern, das Essen auf den Tisch zu stellen. Dabei hörte ich, wie eine Tante anderen Verwandten etwas erzählte. Sie sagte, trotz der Unmengen Medikamente, die meine Mutter erhalten habe, habe sie sich hin und her geworfen und gestöhnt. Plötzlich jedoch habe sie sich kerzengerade aufgesetzt und mit klarer und ruhiger Stimme gesagt: „Oh, wie friedlich es hier im Wald ist!" Danach habe sie sich ins Bett zurücksinken lassen und sei eingeschlafen – und bald darauf gestorben.

Etwas später berechneten Larry und ich den Zeitunterschied zwischen New York und Kalifornien und stellten fest, dass der Vorfall, von dem meine Tante erzählt hatte, genau zu dem Zeitpunkt stattgefunden hatte, als ich in dem veränderten Bewusstseinszustand gewesen war.

4

Entwurf einer wissenschaftlichen medialen Forschung[28]

Alle Wissenschaften, die in der Vergangenheit deutliche Fortschritte erzielen konnten, haben dabei jeweils einen Kurs mit ähnlichen Schritten und Vorgehensweisen eingeschlagen. Zu diesen gehörte die Auswahl eines bestimmten Gebietes, die Identifikation und Definition der Observablen auf diesem Gebiet sowie die Konzentration auf die Frage der Beziehungen zwischen den Observablen.[29] In der Geschichte der medialen Forschung hielt man dies bei bestimmten Datenarten für unmöglich. Dazu gehörten die bedeutenden „bedürfnisbedingten" PSI-Ereignisse.

Werden wir uns also zu Beginn des Ansatzes, den wir hier vorschlagen, darüber klar, mit welchem „Gebiet" sich die mediale Forschung befassen soll: Unser Forschungsgebiet ist der Querschnitt der Erfahrungen, an denen mehr als ein Mensch beteiligt ist. Oder einfacher ausgedrückt, auf diesem Gebiet *beobachten* wir PSI-Ereignisse. Denn es erscheint zwar möglich, aber doch sehr weit hergeholt, sich pure Hellsichtigkeit oder Präkognition in einem

---

28 Dieses Kapitel wurde in weiten Teilen zusammen mit dem Physiker und Philosophen Henry Margenau geschrieben, Lawrence LeShan.

29 Margenau, H., *The Nature of Physical Reality*, McGraw-Hill 1950.

Ein-Personen-Kosmos vorzustellen. Wichtiger ist allerdings noch, dass eine einzelne Person, ein Mensch, der sich ganz allein und als Einziger im Universum entwickelt hat und darin lebt, nahezu unvorstellbar ist. Wenn gilt, dass, wie der Psychologe W. Köhler einmal geschrieben hat, „ein einzelner Schimpanse kein Schimpanse ist", um wie viel mehr muss das dann für einen einzelnen Menschen gelten? Die umfangreiche Literatur in Psychologie und Psychiatrie gibt ein beredtes Zeugnis davon, dass sich die psychologischen Eigenschaften des Menschen nur in Beziehung mit anderen Menschen entwickeln.[30]

Auf unserem Forschungsgebiet der zahlreichen Menschen finden wir drei Klassen von Observablen: *Das seiner selbst bewusste individuelle Wesen*, die *Kommunikation* und die *zwischenmenschlichen Beziehungen*. Es mag sehr wohl weitere Observablen geben, die wir später vielleicht noch hinzuziehen wollen, aber diese drei genügen fürs Erste. Wenn wir dem klassischen Modell der erfolgreichen Wissenschaften folgen wollen, dann lautet unsere erste und wichtigste Frage: In welcher Beziehung stehen diese Observablen zueinander? Wenn wir dies erforschen, werden wir auch herausfinden, wie unsere Begriffe exakt zu definieren sind. Um jedoch zu zeigen, dass dieses wissenschaftliche Modell auf die mediale Forschung anwendbar ist, können wir uns zum jetzigen Zeitpunkt mit allgemeinen und eher ungefähren Definitionen zufriedengeben. Kommunikation wird daher vorerst als erkennbare Informationsübertragung zwischen zwei Individuen definiert. Wir werden sie in zwei Arten unterteilen: Die sensorische Kommunikation, bei der

---

30 So wurde zum Beispiel weithin berichtet, dass empfundene Isolation zu einem Zusammenbruch der üblichen Selbstwahrnehmung und entweder ins Chaos oder zu extrem schmerzhafter Selbsterkenntnis führt. Zusammenfassend dargestellt unter anderem in Darwyn E. Linder, *Psychological Dimensions of Social Interaction*, Addison-Wesley 1973.

die Übermittlung über die Sinnesorgane oder durch Manipulation von Informationen erfolgt, die über die Sinnesorgane erlangt worden sind, sowie die nicht-sensorische Kommunikation, die PSI-Ereignisse. Nach Charles Honorton fügen wir diesen beiden Definitionen das Wort „erkennbar" hinzu, da nicht erkennbare Wesen oder Prozesse für die Wissenschaft nicht von Interesse sind. Es ist zum Beispiel sehr wohl möglich, dass die sensorische Übermittlung von Informationen immer oder meistens mit der Übermittlung derselben Informationen im Wege des PSI einhergeht. Träfe das zu, wäre das jedoch nicht erkennbar, und in der Wissenschaft gilt die allgemeine Verfahrensregel, dass Wesenheiten, die prinzipiell nicht erkennbar sind, so zu behandeln sind, als existierten sie nicht. (Vergleiche etwa die Geschichte der Idee vom „Äther" in der Physik des 19. Jahrhunderts.)

PSI-Ereignisse sind nur dann erkennbar, wenn die sensorische Kommunikation zwischen den Beteiligten blockiert ist. (In allen anderen Fällen wird die Kommunikation der sensorischen Interaktion zugeschrieben, egal ob PSI auftritt oder nicht.) Deshalb tritt PSI für unsere Zwecke dann auf, wenn die sensorische Kommunikation blockiert ist. Da unser Interesse an dieser Stelle den „bedürfnisbedingten" Ereignissen gilt, muss offensichtlich auf Seiten mindestens eines der Beteiligten ein Bedürfnis nach Kommunikation bestehen.

Beginnen wir nun mit der Entwicklung von Hypothesen über die Verbindungen zwischen den drei Observablen *Kommunikation*, *Beziehungen* und *Identität*. Was die Kommunikation angeht, so interessieren wir uns, wie bereits gesagt, für jene Art, die entsteht, wenn die Informationsübermittlung durch die sensorischen Systeme blockiert ist und ein Bedürfnis nach Kommunikation besteht. Bei solchen Kommunikationen – Ehrenwalds „bedürfnisbeding-

tem" Typus – geht es um Ereignisse, die zumindest für eines der
betroffenen Individuen wichtig sind.

Betrachten wir zunächst die Observable *Beziehung*. Wissen wir
bereits irgendetwas darüber, was bei der Formulierung überprüf-
barer Hypothesen behilflich sein kann? Wie sich herausstellt, wissen wir bereits einiges. Anhand der Forschungen verschiedener
Psychologen über das Verhalten in Kleingruppen – zum Beispiel
aus der Gruppendynamik von Kurt Lewin und seinen Schülern
oder der Interaktionsprozessanalyse von Robert F. Bales und seinen
Anhängern – können wir einige klare Aussagen treffen. (Dabei
sollten wir uns vergegenwärtigen, dass die „Kleingruppe" mit der
Dyade, also zwei Menschen, die miteinander in Beziehung stehen,
beginnt und diese mit einschließt.)

So gibt es zum Beispiel in Beziehungen ein messbares Attribut,
das im Allgemeinen als „Kohäsion" bezeichnet wird. Sie wurde
definiert als „das gesamte Kräftefeld, das auf die Mitglieder ein-
wirkt, damit sie in einer Gruppe bleiben"[31] oder, in einer Dyade, die
Beziehung fortsetzen. (Eine Observable kann in der Wissenschaft
Attribute haben, so wie etwa die Observable „Kraft" in der Physik
die Attribute Stärke – die in der Anzahl der Newton [früher Dyn]
gemessen wird – und Richtung hat. Kohäsion entspricht analog
dem Attribut „Stärke der Kraft" in der Physik.)

Wenn wir Kohäsion als die primäre Observable verwenden, dann
wird sie unter anderem durch die folgenden Bedingungen (die se-
kundären Observablen) beeinflusst:

1.   Die Kohäsion ist größer, wenn der Schwerpunkt in der Grup-
       pe auf Kooperation statt auf Konkurrenz liegt.

---

31 Olmstead, M. S., *The Small Group*, Random House 1950.

2.   In einer demokratisch organisierten Gruppe ist die Kohäsion
     größer als in einer Gruppe, die durch autoritäre oder laxe
     (laissez-faire) Verfahren geleitet wird.

Unsere erste Hypothese könnte also lauten: *PSI-Ereignisse treten
häufiger zwischen Individuen auf, deren Beziehung kooperativ
ist, als zwischen Individuen, die in konkurrierender Beziehung
zueinander stehen.* Unsere zweite Hypothese könnte heißen: *PSI-
Ereignisse treten in egalitären Gruppen häufiger auf als in auto-
ritären Gruppen.* (Obwohl eine Überprüfung dieser Hypothesen
zwar schwierig wäre und mehrerer korrigierender Faktoren zum
Ausschluss von Voreingenommenheiten bedürfte, sind solche Tests
doch einwandfrei vorstellbar.)

Da weiter gilt, dass die Gruppenkohäsion umso größer ist, je
stärker die zwischenmenschliche Anziehung ist[32], können wir eine
dritte Hypothese aufstellen: *PSI-Ereignisse treten häufiger zwischen
Menschen auf, die einander mögen, als zwischen Menschen, die einander nicht mögen.* (Eine Studie von Carl Sargent hat gezeigt, dass
Parapsychologen, die in Experimenten gute Ergebnisse erzielen, mit
größerer Wahrscheinlichkeit aufgeschlossener, warmherziger und
freundlich er sind als solche, die keine guten Ergebnisse erzielen.)[33]

Die Klassengesellschaft in den Vereinigten Staaten ist ein System, das Individuen tendenziell in verschiedene Gruppen, Lebens-

---

32 Cartwright, D., „The Nature of Group Cohesiveness" in Cartwright D. und
   Zander, Alvin (Hrsg.), *Group Dynamics*, Harper 1968. 3. Auflage.
33 Carl Sargent in einer persönlichen Kommunikation vom April 1978. Die
   Hypothese, dass PSI-Ereignisse zwischen Menschen, die sich mögen, häu-
   figer auftreten als zwischen Menschen, die sich nicht mögen, ist auf diesem
   Gebiet alles andere als neu. Aber hier geht es uns mehr um ein allgemeines
   System zur Entwicklung nachprüfbarer Hypothesen, als darum, ob diese Hy-
   pothesen alt oder neu sind.

stile und Muster einteilt, und die Stellung des Einzelnen in der
Struktur der Klassengesellschaft ist im Allgemeinen feststellbar.
Daher können wir folgende Hypothese aufstellen: *PSI-Ereignisse
zwischen Angehörigen unterschiedlicher gesellschaftlicher Klassen werden wesentlich weniger häufig gemeldet als PSI-Ereignisse
zwischen Angehörigen derselben gesellschaftlichen Klasse.* (Das
gilt jedoch nicht, wenn es eine besondere Gruppe gibt, der beide
angehören und die mindestens einem von ihnen wichtig ist.) Die
Bedeutung dieser beiden Hypothesen für den psychologischen Aufbau von PSI-Experimenten und das Verhalten des Laborpersonals
liegt auf der Hand.

Der Sozialpsychologe Robert F. Bales und Anhänger seiner Schule
haben sich der Kommunikation in erster Linie unter dem Aspekt
der Problemlösung genähert. So haben sie zum Beispiel in zahlreichen Experimenten gezeigt, dass Menschen im Umgang mit anderen
Stabilität (ein weiteres Attribut der Beziehung zwischen den Observablen) brauchen und anstreben und Rollen entwickeln, um diese
Stabilität aufrechtzuerhalten. Lösungen für Interaktionsprobleme
werden als Rollen institutionalisiert, damit es Stabilität (und damit
Vorhersehbarkeit) geben kann. (Natürlich gibt es auch noch andere
Gründe für die Entstehung von Rollen.) Bales hat die Einheitlichkeit
und Wichtigkeit dieses Aspekts von Beziehungen nachgewiesen.[34]

Einer Rolle kann man sich unter soziologischen („Er ist der Vater
jener Kinder") oder psychologischen Aspekten („Er ist ein sehr
fordernder Vater") nähern. In einer Gruppe (einschließlich einer
Dyade) haben Rollen eine starke Tendenz, konsistent (unverändert)
erhalten zu bleiben, und Kommunikation erfolgt tendenziell rol-
lenrelevant. Wir könnten deshalb folgende Hypothese aufstellen:

---

34 Bales, Robert F., *Interaction Process Analysis: A Method for the Study of
   Small Groups*, Addison-Wesley 1950.

Ein PSI-Ereignis wird sowohl mit der soziologischen als auch mit der psychologischen Rolle im Einklang sein, die der „Handelnde" in Bezug auf den „Wahrnehmenden" gespielt hat oder spielt. Eine zweite Hypothese könnte lauten: *PSI-Ereignisse werden wahrscheinlicher, wenn die Stabilität einer wichtigen Beziehung bedroht und Kommunikation zu ihrem Erhalt notwendig ist, die sensorischen Kommunikationsmethoden jedoch blockiert sind.*

Im Rahmen seiner Arbeit hat Bales eine Methode zur Einordnung der verbalen Kommunikation in einer Beziehung in vier allgemeine Kategorien entwickelt: sozio-emotional positive Reaktionen, Antworten/Lösungsversuche, Fragen sowie sozio-emotional negative Reaktionen. Die ersten drei Kategorien zeigen, dass die in diesem Moment vorherrschend wirkenden Kräfte die Fortsetzung der Beziehung begünstigen, wohingegen die vierte gegen eine Fortsetzung der Beziehung gerichtet ist. Im Hinblick auf das, was wir bereits über Kohäsion gesagt haben, könnten wir jetzt die Hypothese aufstellen: *PSI-Ereignissen vorausgehende verbale Kommunikationen fallen häufiger in die ersten drei Kategorien als in die vierte Kategorie.*

Bei diesen Hypothesen geht es um die beiderseitigen Variationen zwischen den Observablen *Beziehung* (besonders zwischen deren Attributen Kohäsion und Stabilität) und *Kommunikation*. Gleichartige Hypothesen lassen sich hinsichtlich der Variationen zwischen PSI-Ereignissen (dem Kommunikationstyp, der uns hier interessiert) und der Observablen *Identität* aufstellen.[35]

Die Interaktionen zwischen Beziehung und Identität wurden in

---

35 „Es gibt einen Bereich, in dem die Schlüsse, zu denen wir bei der Untersuchung von ASW gekommen sind, weitgehend mit dem übereinstimmen, was wir auf anderen Gebieten erkannt haben. Dieser gemeinsame Bereich betrifft die Persönlichkeitsdynamik von Erfolg und Versagen bei ASW." Schmeidler, Gertrude R. und McConnell, Robert A., *ESP and Personality Patterns*, Yale University Press 1958.

verschiedenen Zusammenhängen bereits umfassend erforscht, darunter im wissenschaftlichen, künstlerischen und literarischen Rahmen. Seit langem wissen wir, dass das eine nicht ohne das andere existieren kann, und es erscheint an dieser Stelle nicht notwendig, die umfangreiche Literatur zu zitieren, die sich in diesem Punkt einig ist.[36] Weiter hat sich erwiesen, dass es zwar im Leben des Einzelnen kürzere oder länger Perioden geben kann, in denen die direkte Kommunikation abgeschnitten ist (zum Beispiel die Robinson-Crusoe-Situation), die drei Observablen Identität, Kommunikation und Beziehung jedoch so eng miteinander verknüpft sind wie Volumen, Druck und Temperatur auf einem anderen Gebiet. Ohne Identität kann ich keine Beziehung haben. Es kann kein *Ja* geben, wenn nicht auch die Möglichkeit zu einem *Nein* besteht. Das Bewusstsein einer Beziehung oder Zugehörigkeit zu einer Gruppe bestimmt wesentlich Identität und Verhalten. M. S. Olmstead stellte fest: „Gruppen haben ein Zugehörigkeitsbewusstsein, das auch dann noch fortbestehen kann, wenn der Verkehr mit anderen Gruppenmitgliedern aufgehört hat, wie zum Beispiel bei einem Engländer, der im Ausland lebt.“[37]

Verwenden wir hier als einen Aspekt der Observablen *Identität* Erik Ericksons Definition, wonach Identität die Fähigkeit ist, angesichts von Veränderungen, wichtige Muster beizubehalten.[38]

---

36 Wir brauchen nicht mehr darauf hinzuweisen, dass Babys, die von Parisern aufgezogen werden, mit der Identität und dem Selbstverständnis französischer Großstadtbewohner aufwachsen und dieselbe Beziehung auch für Inuit-Familien und Familien aus Yorkshire gilt: „Eine Gesellschaft ohne Mitglieder oder Individuen ohne Sozialisation kann es nicht geben. Zwar können beide getrennt analysiert werden, aber ihrem Wesen nach sind sie ununterscheidbar.“ Reece McGee in *Points of Departure. Basic Concepts in Sociology*, Dryden Press 1973.

37 Olmstead a.a.O.

38 Erickson, Erik, „Identity and Uprootedness in Our Times“, in Ruitenbeek,

Da aus der Literatur eindeutig hervorgeht, dass der Mensch seine Identität mit derselben Intensität und Notwendigkeit zu erhalten bestrebt ist wie seine Beziehungen, können wir bestimmte Hypothesen über die Interaktion zwischen Identität und der Häufigkeit von PSI-Ereignissen aufstellen. Ein Beispiel lautet: *Das Auftreten von PSI hilft dem Individuum tendenziell, angesichts von Veränderungen wichtige Muster beizubehalten.* Anders formuliert hieße diese Hypothese: *PSI-Ereignisse wirken tendenziell eher erhaltend und stabilisierend als destabilisierend auf die Identität und die Einheitlichkeit von Handlung und Wahrnehmung.*

Offensichtlich haben alle bis jetzt hier vorgestellten Hypothesen vieles gemeinsam. Das liegt daran, dass wir es hier mit einer Gestalt[39] von Identität, Kommunikation und Beziehungen zu tun haben, was die Hypothesen zugleich überprüfbar macht. So hat zum Beispiel Ernst Cassirer darauf hingewiesen, dass eine Hauptfunktion von Sprache darin besteht, sicherzustellen, dass eine Gruppe ein gemeinsames Wirklichkeitserleben hat und ihre Mitglieder befähigt werden, zu kommunizieren, miteinander in Beziehung zu treten und ihre Identität zu wahren.[40]

Auf diesem Gebiet ist zweifellos bereits vieles geleistet worden. Es gibt eine beträchtliche Anzahl von Studien, die die Beziehung der eng begrenzten, fehlerbedingten PSI-Ereignisse (Kartenraten und die Arbeit mit Zufalls-Zahlengeneratoren) zu Variablen wie Zuneigung und Abneigung zum Experimentator, demokra-

---

Hendrik Marinus, *Varieties of Modern Soicial Theory*, Dutton 1963.

39 In der Sprache, die wir hier verwenden, bedeutet „Gestalt" eine Gruppe miteinander in Beziehung stehender Observabler, im selben Sinne wie ein „Zustand" in einem physikalischen System als eine Kombination von Observablen bezeichnet wird.

40 Cassirer, Ernst, *Philosophie der symbolischen Formen: Erster Teil – Die Sprache*, Meinern 2010

tisches und autoritäres Setting der Studie, Glauben an ASW und so weiter untersucht haben. Sie wurden von einigen der besten Forscher auf dem Gebiet durchgeführt, zum Beispiel von Gertrude Schmeidler, Thea White, Carl Sargent und Charles Honorton. Allerdings müssen diese Untersuchungen systematisch durchgeführt werden und mit einer Zusammenfassung dessen beginnen, was wir wissen und was nicht. Und am wichtigsten vielleicht: Wir müssen die komplexeren, bedürfnisbedingten PSI-Ereignisse mit aufnehmen.

So weit so gut. Wollen wir jedoch ein tieferes Verständnis von PSI erringen, so müssen wir über die Errungenschaften und Grenzen dieser Art von Wissenschaft hinausgehen.

Es gibt mindestens zwei Grundmodelle wissenschaftlicher Methodik. Für die Erforschung von PSI benötigen wir beide. Das Modell, das ich in diesem Kapitel bis jetzt beschrieben habe, ist sowohl für die mediale als auch für die parapsychologische Forschung gültig und notwendig. Wenn wir bei unserem Unterfangen jedoch weiterkommen wollen, brauchen wir auch das andere.

Das Modell, das ich im ersten Teil dieses Kapitels vorgestellt habe, ist für Bereiche und Observable geschaffen, die ihrem Wesen nach quantifizierbar sind; und nur darauf ist es auch anwendbar. Aber hier haben wir es in erster Linie mit Bewusstsein zu tun, und Bewusstsein ist nicht quantifizierbar. Zum Teil liegt das daran, dass unser Innenleben nur den Einzelnen, sozusagen also nur privat zugänglich ist. Soll etwas jedoch quantifizierbar sein, so muss es öffentlich zugänglich sein. Mehr als ein Mensch muss die beteiligten Observablen sehen können. Mary, Sue und Shirley können alle drei einen Tisch sehen und sich über dessen Länge einig oder uneinig sein. Sind sie sich uneinig, so können sie sich auf eine Methode zu ihrer Messung und Quantifizierung einigen.

Anfang des 20. Jahrhunderts unternahmen Psychologen intensive
Versuche, Aspekte des Bewusstseins zu quantifizieren. Sie kamen
gerade so weit, Bezeichnungen für Maßeinheiten verschiedener
Emotionen zu finden (wie etwa *Romeos* für Einheiten der Liebe),
dann gaben sie das Ganze wieder auf. Sie erkannten, dass, wenn
Mary sagt: „Ich habe zwei „Dols" (von lateinisch *dolor*, Schmerz)
starke Zahnschmerzen oder Sue verkündet: „Ich freue mich zwei
„Exuberantien" (von lat. *exuberantia*, eigentlich der Überfluss,
auch der Überschwang) doll, dich wiederzusehen", Shirley daraus keinen Wert für die beiden Gefühle ableiten kann, weil die
Maßeinheiten so persönlich und subjektiv sind. Sie kann „Pi mal
Daumen" schätzen, wie stark sie sind, aber das ist auch schon alles.

Für das Bewusstsein und andere nicht quantifizierbare Observablen brauchen wir das andere Modell der Wissenschaft. Auch seine
Regeln, Verfahren und Anwendungsgebiete sind längst erarbeitet.

Es ist immer schwer, die eigenen Annahmen als solche zu erkennen, und noch schwerer ist es einzusehen, dass sie in ihrer
Gültigkeit begrenzt oder in *dieser* Situation nicht anwendbar sind.
Die Annahmen, dass eine Wissenschaft unausweichlich zur Quantifizierung ihres Materials, zu allgemeinen Gesetze für ihr ganzes
Gebiet sowie zur exakten Vorhersage des Verhaltens individueller
Entitäten führt, haben sich unserem Denken so tief eingeprägt,
dass sie inzwischen nahezu unbezweifelbar geworden sind. Nur
sehr zögerlich haben wir begonnen zu erkennen, dass sie auf eine
Wissenschaft des menschlichen Bewusstseins weitgehend unan-
wendbar und auf eine Wissenschaft des Paranormalen nur teilweise
anwendbar sind.

Zwar haben wir lange gebraucht, bis wir dieses Problem gesehen
haben, aber Ende des 19. Jahrhunderts wurde es dann doch eingehend untersucht. Eigentlich begann es sogar noch früher, mit

Giambattista Vicos Forschungen auf dem Gebiet der Geschichte
und seiner Suche nach der dafür erforderlichen Methodik. Später
verallgemeinerten Wilhelm Dilthey, Heinrich Rickett und Wilhelm Windelband dieses Problem auf die Sozialwissenschaften
im Allgemeinen und die Psychologie im Besonderen. Für die
beiden sehr unterschiedlichen wissenschaftlichen Methoden, die
sich dabei allmählich als wesentlich herausschälten, entstanden
die verschiedensten Bezeichnungen. Der französische Philosoph
Ernest Renan nannte sie *la science de la nature* und *la science
de l'humanité*. Im 19. Jahrhundert nannte der deutsche Philosoph
Wilhelm Dilthey sie *Naturwissenschaft* und *Geisteswissenschaft*.
Sein Zeitgenosse Wilhelm Windelband, Philosoph wie er, (und
später auch Gordon Allport) bezeichneten sie als „nomothetische"
und „idiographische" Wissenschaften. Doch trotz der unterschiedlichen Bezeichnungen war man sich weitestgehend einig über die
Struktur und die Methoden, die für diese *science de l'humanité*,
die Wissenschaft des menschlichen Bewusstseins – und des PSI
– erforderlich wären.

Auf drei Gebieten der Sozialwissenschaften – in der Ethologie
(der Erforschung von Organismen in ihrer natürlichen Umgebung),
in der Geschichte und in der dynamischen Psychologie – wird die
neue Wissenschaft des menschlichen Bewusstseins umfassend
angewandt. (Sie wird außerdem präzise und exzellent von guten
Grundschullehrerinnen und Grundschullehrern praktiziert.) Ei-
genartigerweise begegnet uns in allen drei Disziplinen gleich zu
Beginn ihrer Einführung ein und dieselbe Person. Windelband
war befreundet mit Freud, der die Psychologie revolutioniert hat.
Konrad Lorenz beschrieb Windelbands Einfluss auf das neue
Forschungsgebiet der Ethologie. Der britische Philosoph R. G.
Collingwood schrieb über Windelbands große Bedeutung für die

Geschichtswissenschaft. Obwohl Windelband heute kaum noch bekannt ist, hatte dieser bedeutende Philosoph doch erstaunlichen Einfluss auf die Sozialwissenschaften.

Die idiographische Wissenschaft, die für die Wissenschaft des menschlichen Bewusstseins und des PSI vonnöten ist, kennt keine allgemeingültigen Gesetze und sucht sie auch nicht. Sie verfügt über eine klare Methode. Man beginnt beim Spezifischen. Ich untersuche einen Menschen, der unter Schizophrenie leidet. Ich versuche, so viel ich kann über diesen Menschen zu erfahren und ihn auf so vielen Gebieten wie möglich zu verstehen. Ich frage: Wer ist dieser Mensch? Wer ist dieser Schizophrene? Was ist ein Schizophrener? Wie unterscheidet sich dieser Schizophrene von anderen, die ich in dieselbe Kategorie einordne? Dabei komme ich nicht zu in Stein gemeißelten Gesetzen. Ich kann nie exakte Vorhersagen über das Verhalten bestimmter Schizophrener machen. Aber wenn ich weiterforsche, vertieft sich mein Verständnis. Ich erfahre mehr darüber, was es bedeutet und wie es sich anfühlt, schizophren zu sein. Nach und nach zeigt sich dann, wie Menschen mit dieser Krankheit geholfen werden kann. Ich kann mehr darüber erfahren, was sie sehen und wie sie die Welt wahrnehmen, auf die sie reagieren. „Ver-stehen" wird zur Erkenntnis, dass wir unter demselben Himmel und auf derselben Welt „stehen". Dazu aber bedarf es der Übung, viel Arbeit und einer disziplinierten Subjektivität. Dieser wissenschaftliche Weg ist ebenso steinig wie der der *science de la nature.*

Die Situation ist dieselbe, wenn ich statt eines Schizophrenen ein komplexes PSI-Ereignis untersuche. Ich frage: Was ist das für ein Ereignis? Wie unterscheidet sich dieses PSI von anderen? Ich komme nicht zu allgemeingültigen Gesetzen. Aber ich komme zu einem tieferen Verständnis des PSI.

Im ersten Teil dieses Kapitels habe ich gezeigt, wie komplexe
PSI-Ereignisse im Rahmen der nomothetischen, also der Natur-
wissenschaft, untersucht werden können. Aber das genügt nicht.
Für die Erforschung des PSI sind beide Methoden erforderlich.
Das bedürfnisbedingte PSI ist in erster Linie und zuallermeist eine
Sache des Bewusstseins; und für die Erforschung des Bewusstseins
verwenden wir die idiographische, also die Geisteswissenschaft.
Wenn wir bei der Erkenntnis des Paranormalen echte Fortschritte
erzielen wollen, dann benötigen wir beide.

Der am umfassendsten untersuchte Fall der gesamten Sozialwissenschaften sind Freuds *Bruchstücke einer Hysterie-Analyse* (der
„Fall Dora") von 1905. Es war die erste detaillierte Veröffentlichung der neuen Wissenschaft der Psychoanalyse sowie der neuen
Konzepte, die die Psychologie revolutionierten. In seiner beeindru-
ckenden und ungeheuer einflussreichen Schrift zeigt Freud diese
Methode in allen Einzelheiten. Wer ist Dora? Was sind die Observablen? Was ist eine hysterische Patientin? Wie unterscheidet sich
diese hysterische Patientin von anderen hysterischen Patientinnen?
Worin ist sie ihnen ähnlich? Es zeigen sich keine allgemeingültigen
Gesetze, und anhand der Schrift können wir auch nicht spezifische
klinische Vorhersagen entwickeln, aber nach ihrer Lektüre wissen
wir wesentlich mehr über die Hysterie als vorher. Unser *Verständnis* ist vertieft, und wenn wir wieder einem Menschen mit dieser
Art von Persönlichkeit, Organisation und Problemen begegnen,
verstehen wir mehr und haben ein besseres Gespür dafür, wie wir
versuchen können, ihm oder ihr zu helfen. Mehr noch, unser Verständnis des Menschen als solchem hat sich vertieft. Genau diese
Methode, die idiographische *science de l'humanité*, ist in erster
Linie angemessen und relevant für die Untersuchung des nicht
quantitativen Bewusstseins und von PSI-Ereignissen, wobei alles

mit allem verbunden und der Raum keine Observable ist, so wie nie zweimal exakt dasselbe geschieht.

Ein Beispiel ist der Fall Hinchliffe, den ich zu Beginn von Kapitel Eins beschrieben habe. Was ist dieses PSI-Ereignis? Es ist Colonel Hendersons Wahrnehmung von Hinchliffe. Was ist ein PSI-Ereignis? Es ist ein Ereignis, bei dem jemand klare Indizien dafür zeigt, dass er über Informationen verfügt, die er nicht durch die Sinne erlangt haben kann. Wie unterscheidet sich dieses PSI-Ereignis von anderen? Durch Hinchliffes große Verzweiflung, als er erkennt, dass seine Passagierin und er unrettbar verloren sind und durch die Wahrnehmung dieser Verzweiflung seitens eines anderen, sehr erfahrenen Piloten, den er kannte (wahrscheinlich ein ehemaliger vorgesetzter Offizier). Können wir uns in die Situation einfühlen, Hinchliffes Hilfsbedürfnis spüren („Hendy, ich bin verloren. Was soll ich bloß tun? Ich bin verloren, ich bin verloren.") und erkennen wir die Unmöglichkeit jeglicher Kommunikation in jener Zeit, als Flugzeuge noch nicht mit Funkgeräten ausgerüstet waren? Haben wir Mitgefühl mit Hinchliffe (und seiner Passagierin)? Und was ist mit Henderson? Er wird „Hendy" genannt. Hat das etwas über ihre frühere Beziehung zu sagen? Ist es relevant, dass er ebenfalls auf See war? War er, wie es angesichts seines Ranges wahrscheinlich ist, früher in der Rolle, sich um andere Piloten kümmern zu müssen? Können wir Mitgefühl für ihn empfinden? Hier begegnen wir dem PSI-Ereignis nach einem holistischen (ganzheitlichen) Ansatz. Er wird nicht zu Gesetzmäßigkeiten oder Vorhersagetechniken führen. Aber wenn wir mit diesem idiographischen Ansatz fortfahren, werden wir immer mehr „Verständnis" für das PSI, ein Gefühl für die Variablen und ein Gespür dafür entwickeln, worum es dabei geht. In Verbindung mit den Daten aus der nomothetischen Forschung wird uns das – hoffentlich – in die Richtung führen, die wir einschlagen wollen.

So würde ich auf dem Gebiet von Malerei und Musik lernen. So würde ich mehr über religiöse Erfahrungen, Liebe, Trauer, kreativen Ausdruck, Mut und Standhaftigkeit im Angesicht von Widrigkeiten oder alle anderen wichtigen und sinnvollen Aspekte des Menschseins lernen. „Wichtig" meine ich hier so, wie es von Menschen gelebt und definiert wird, und nicht so, wie ein theoretisches Modell es definieren würde. Zu „wichtig" gehört das, was wir mit dem übrigen tierischen Leben auf diesem Planeten gemeinsam haben – unser Bedürfnis, als Einzelne und als Art zu überleben. Dazu gehört auch, was wir haben, weil wir Menschen sind: Unsere psychischen und spirituellen Bedürfnisse, unser Bemühen, Schönheit zu schaffen, unser Mitgefühl, unsere Hoffnungen, Ängste und Ziele, unsere Fähigkeit, Utopien für alle zu entwerfen und Konzentrationslager für viele zu bauen, unsere Mutter Teresas, Beethovens, Tamerlans und Hitlers, unsere Fähigkeit, Gefühle zu erleben, die Elizabeth Barrett-Browning so vollkommen in Worte fasst:

Ich liebe dich so tief, so hoch, so weit,
als meine Seele blindlings reicht, wenn sie
ihr Dasein abfühlt und die Ewigkeit.

Ich liebe dich bis zu dem stillsten Stand,
den jeder Tag erreicht im Lampenschein
oder in der Sonne. Frei, im Recht und rein
...[41]

Das Labor und *la science de la nature* spielen eine sehr reale und wichtige Rolle bei unserem Versuch, mehr über uns selbst zu erfahren und zu verstehen. Das Labor ist ein absolut unabdingbarer Ort,

---

41 Barrett-Browning, *Liebesgedichte, übertragen von Rainer Maria Rilke*, insel 2006 (43. der insgesamt 44 ursprünglich unter dem Tarnnamen „Sonette aus dem Portugiesischen" veröffentlichten Gedichte).

um Hypothesen und Ideen zu überprüfen, zu denen wir auf anderen Wegen gelangt sind. Wenn sich Erkenntnisse herausstellen, müssen sie im Labor auf den Prüfstand gestellt werden, das so zu einem integralen Bestandteil unseres wissenschaftlichen Unterfangens wird, herauszufinden, wer wir sind und wohin wir gehen. Richtig eingeordnet, sind die experimentelle Methode und das Labor unersetzliche Bestandteile unserer Wissenschaft. Werden sie hingegen ausschließlich verwendet, wie es in der Psychologie und der medialen Forschung oft geschehen ist, so führen sie in die Katstrophe.

Ein Typus von PSI-Ereignissen, der mit beiden wissenschaftlichen Methoden untersucht werden kann, ist die Geistheilung. Bei diesem Phänomen durchläuft der oder die „Heilende" bestimmte mentale und emotionale Vorgänge (zuweilen begleitet von körperlichen Bewegungen wie zum Beispiel Handauflegen), und der oder die „Heilungssuchende" zeigt manchmal positive, wenngleich medizinisch nicht vorhersehbare Veränderungen.

Patientengruppen wurden nach dem Ansatz der nomothetischen Wissenschaft (*la méthode de la nature*) untersucht. Nach diesem Ansatz wurden auch Experimente mit Tieren, wie etwa Mäusen, durchgeführt. Dazu wurden sie anästhesiert. Sodann erhielten die Experimentalgruppen Heilung, die Kontrollgruppen nicht. Gemessen an dem Kriterium, wann sie wieder auf allen vier Beinen stehen konnten, erholten sich die Experimentalgruppen statistisch relevant deutlich schneller als die Kontrollgruppen. Bei einem anderen Experiment wurde Mäusen (unter Narkose) eine Standardverletzung am Rücken zugefügt. Auch hier erholten sich die Experimentalgruppen schneller.

Im Rahmen des experimentellen Ansatzes wurden auch menschliche „Heilungssuchende" untersucht, die zu ihnen unbekannten Zeiten aus der Ferne behandelt wurden. Auch Versuche mit anderem Aufbau wurden durchgeführt, darunter solche mit Pflanzen und mit Experimentalgruppen, die nicht wussten, dass sie „geheilt" wurden. Die Standards dieser Studien waren sehr hoch. In ihrem Rahmen wurden zwei Dissertationen verfasst (von Joyce Goodrich und Shirley Winston), die Kontrollgruppen wurden sorgfältig ausgewählt und es gab Zufallszahlentabellen. Es wurde dafür gesorgt, dass Suggestionen, Placebo-Effekte sowie unbrauchbare statistische Werte vollkommen ausgeschlossen waren. Die Studien, die nach diesem Ansatz durchgeführt wurden, haben für jeden, der die Fachliteratur liest, zweifelsfrei gezeigt, dass das Phänomen (der Geistheilung, d. Ü.) existiert.

Einzelne Fälle wurden nach der idiographischen Methode (*la science de l'humanité*) untersucht, gerade so wie Freud mit „Dora" gearbeitet hat, um mehr über die Hysterie und die Natur des Menschen zu erfahren. Durch diesen Ansatz haben wir viel über Erfahrungen sowohl von Heilenden als auch von Heilungssuchenden sowie außerdem über die Bedingungen erfahren, unter denen die Heilenden in den emotionalen und intellektuellen Zustand gelangen, der, wie wir annehmen, das Funktionieren von PSI begünstigt. Wir haben gelernt, wie wir den meisten Menschen (auf jeden Fall der ziemlich schrägen Gruppe, die zu uns in den Unterricht kam) in nicht einmal einwöchigen Seminaren beibringen können, diesen Zustand zu erreichen.[42]

Es gibt keinen Widerspruch zwischen den Tatsachen, die durch PSI entdeckt, und denjenigen, die bei der Erforschung anderer Teilbereiche der Wirklichkeit gewonnen wurden. Sie sind vielleicht höchst unterschiedlich, aber kompatibel. Sie widersprechen einander nicht, weil sie für unterschiedliche Gebiete gelten.

---

42 Diese Seminare werden zurzeit von Dr. Joyce Goodrich und Dr. Mary Bobis angeboten.

Im Jahr 1979 haben der Physiker Henry Margenau und ich einen Brief an das Wissenschaftsmagazin *Science* geschickt, in dem wir unserer Ansicht Ausdruck gaben, dass mediale Phänomene wissenschaftlich untersucht werden können und auch untersucht werden, und desweiteren die verfügbaren Daten grundlegenden wissenschaftlichen Gesetzen nicht nur nicht widersprechen, sondern unbedingte Beachtung durch die heutige Wissenschaft verdienen. Eine Veröffentlichung des Briefes wurde abgelehnt, weil er „die Beweislast den Kritikern der Parapsychologie auferlegt statt ihren Befürwortern". Diese Ablehnung hatte überhaupt keinen Bezug zum Inhalt des Briefes, den ich im Folgenden wiedergebe:

Jedem wissenschaftlich denkenden Menschen muss es heute als eine Sache des gesunden Menschenverstandes erscheinen, ASW (Telepathie, Hellsichtigkeit, Präkognition) für unmöglich zu halten, da solche Phänomene – gäbe es sie denn – gegen bekannte und bewiesene wissenschaftliche Gesetze verstoßen würden. Aufgrund dessen können wir ruhigen Gewissens vorhersagen, dass Berichte über derlei Vorfälle mangelhafter Beobachtung, einem schlechten Versuchsaufbau oder plumper Täuschung zuzuschreiben sind. Altweibergeschichten und prätentiöser Okkultismus gehören, selbst wenn sie im pseudo-experimentellen Mäntelchen daherkommen, nicht in wissenschaftliche Fachzeitschriften, es sei denn, man untersuche sie als psychologische und anthropologische Phänomene.

Dies ist die Haltung vieler Wissenschaftler, und sie erscheint den meisten Menschen absolut vernünftig. Zudem steht außer Zweifel, dass zumindest eine beträchtliche An-

zahl von Berichten über ASW den oben erwähnten unglücklichen Umständen zuzuschreiben sind.

Dennoch kann man die Frage stellen, gegen welche konkreten wissenschaftlichen Gesetze das Auftreten von ASW
verstoßen würde. Wir haben angenommen, dass es sich dabei um Gesetze von der Art des *Energie-Erhaltungssatzes*,
des zweiten Hauptsatzes der Thermodynamik, der Kausalität und des Pauli-Prinzips der Quantenmechanik handeln
müsse. Wenn wir jedoch wissenschaftliche Gesetze dieses
Kalibers untersuchen, dann stellen wir fest, dass sie keinerlei
Bezug zur Existenz oder Nichtexistenz von ASW haben.

Was die Energieerhaltung anbelangt, so toleriert die Physik außerdem selbst kuriose Ausnahmen, zumindest aber
zieht sie Phänomene in Erwägung, die die übliche Auffassung von diesem Grundprinzip verändern. Die Äquivalenz
von Masse und Energie modifiziert seine klassische Bedeutung: Die Notwendigkeit der Einführung von „Zuständen
negativer kinetischer Energie" und von Löchern in ihrer
Verteilung, die Teilchen repräsentieren, erweitert seinen
Geltungsbereich immens und verwässert seine Bedeutung.
Elektronen können Schranken auf eine Art und Weise passieren, die der Energie-Erhaltungssatz in der Physik alten
Stils nicht zugelassen hätte; und in der Quantentheorie der
Streuung ist man gezwungen, „virtuelle Zustände" einzufüh-
ren, die dem Energie-Erhaltungssatz widersprechen.

Es ist in der Tat fraglich, ob ASW den Energie-Erhaltungssatz auch nur annähernd so sehr strapaziert wie diese Inno-
vationen, denn es steht keineswegs fest, dass die Übermittlung von Informationen mit der von Energie oder Masse
gleichzusetzen ist.

Widerspricht ASW dem Kanon gegen Fernwirkung? Vielleicht täte sie das, gäbe es denn ein solches universelles Prinzip. Es gibt heute, in dieser Minute, unter Physikern bedenkenswerte Vermutungen über masselose Felder, in denen Phänomene unmittelbar übermittelt werden können. In der Quantenmechanik wird eine hitzige Debatte über die Nichtlokalität von Interaktionen geführt. Der Begriff ist eine hochgestochene Version der Fernwirkung, von der einige seriöse Theoretiker glauben, dass sie erforderlich ist, um das EPR-Paradoxon[43] aufzulösen. ASW sind nicht seltsamer als manche Diskussionen auf diesem Gebiet.

Gegen den einschränkenden Charakter der Lichtgeschwindigkeit wird durch neue spekulative Entitäten (Tachyonen) verstoßen, deren Existenz eine vernünftige Deutung der Relativitätstheorie nahezulegen scheint.

Seltsamerweise erscheint es nicht möglich, dass die Existenz von ASW gegen wissenschaftliche Gesetze oder Prinzipien verstößt. Wir können Widersprüche finden zwischen ASW und unserer kulturell akzeptierten Sicht der Realität, aber nicht – wie viele geglaubt haben – zwischen ASW und den wissenschaftlichen Gesetzen, die so mühevoll entwi-

---

43 Beim Einstein-Podolsky-Rosen-Paradoxon geht es um die Feststellung der Quantenmechanik, dass die Beobachtung selbst bereits das beobachtete System verändert, es mithin doch eine „Fernwirkung" gibt, die in der Quantenmechanik als Nichtlokalität bezeichnet wird. „Es scheint eine unbekannte Fernwirkung stattzufinden, die sich instantan (augenblicklich, d. Ü.) ausbreitet. Diese Annahme widerspricht der Relativitätstheorie und wurde von Einstein daher als ‚spukhafte Fernwirkung' bezeichnet. Zusammenfassend kann man das EPR-Paradoxon durch folgende Fragestellung beschreiben: Woher weiß das Teilsystem 2 instantan vom Ergebnis der Messung an Teilsystem 1?" (Eschen, Tobias, Das EPR-Paradoxon, Seminarbeitrag zur Theorie der Teilchen und Felder, Institut für Theoretische Physik, Westfälische Wilhelms-Universität Münster, 29.April 2009.) (Anm. d. Ü.)

ckelt worden sind. Bis wir solche Widersprüche finden, ist es wohl ratsam, Berichte über diese seltsamen und beunruhigenden Phänomene, die von ausgebildeten Wissenschaftlern kommen und die Grundregeln wissenschaftlicher Forschung erfüllen, sorgfältiger anzusehen. Wir glauben, dass die Anzahl entsprechender Berichte hoher Qualität bereits groß ist und weiter wächst.

Fallgeschichte
„EIN TRANSATLANTISCHER 'STUHLTEST'" [44]

Aristide H. Esser und Lawrence LeShan

Center for the Study of Psychic Phenomena
am Rockland State Hospital, Orangeburg, New York

Viele Jahre lang hat der niederländische Sensitive Gerard Croiset seine PSI-Kognition durch sogenannte „Stuhltests" bewiesen. Croisets Verfahren wurde in Zusammenarbeit mit Professor W. H. C. Tenhaeff, Direktor des Parapsychologischen Instituts der staatlichen Universität Utrecht, entworfen, um sicherzustellen, dass das präkognitive Material weder in betrügerischer Weise vorbereitet noch im Nachhinein manipuliert werden kann. Die Vorgehensweise gestaltet sich schlicht folgendermaßen: Croiset gibt ein „Reading" für einen Menschen, der bei einer in der Zukunft liegenden öffentlichen Veranstaltung anwesend sein wird, und identifiziert diesen Menschen allein anhand seines Sitzplatzes im Publikum. Die Niederschrift des Readings wird im Vorhinein an jemanden geschickt, der mit der Veranstaltung nichts zu tun hat. Diese Person wird gebeten, die Niederschrift dem Veranstalter nach deren Begin auszuhändigen. Das Publikum hat freie Platzwahl. Selbst wenn die Leute also wissen, dass ein „Stuhltest" stattfindet, könnte doch keiner ahnen, welchen Platz Croiset ausgewählt hat. Normalerweise weiß das Publikum jedoch bis zum Beginn der Veranstaltung

---

44 Zuerst erschienen im *Journal of the Society for Psychical Research* 45, Nr. 742, Dezember 1969.

nichts von dem Test. Kurz nach Beginn bittet der Veranstalter das Publikum, nach dem Ende noch sitzen zu bleiben und den Ergebnissen eines Experiments beizuwohnen.

Zwar waren in Europa bereits viele solcher Tests durchgeführt worden, doch die Gelegenheit, ihn einmal mit einem amerikanischen Publikum durchzuführen, bot sich erst, als Lawrence Le-Shan (LL) gebeten wurde, seine Arbeit bei einer Veranstaltung im Forschungszentrum des Rockland State Hospitals vorzustellen. Unter den geladenen Gästen befand sich auch Mrs. Suhm, die in Orangeburg wohnte und Croiset ebenso bereits kannte wie Aristide H. Esser (AHE). Sie hatte den Vorschlag gemacht, diese Gelegenheit für einen Stuhltest zu nutzen. Am 11. Juni rief AHE Croiset an, und dieser war sofort einverstanden, in seinem Haus im holländischen Utrecht unter Zeugen eine Sitzung abzuhalten. Diese Sitzung fand am 12. Juni 1968 statt und wurde auf Film und Tonband aufgezeichnet. Diese Aufzeichnungen wurden dann an Dr. Nathan S. Kline, Forschungsdirektor am Rockland State Hospital, geschickt, der an der für den 21. Juni 1968 angesetzten Veranstaltung nicht teilnehmen würde. Dr. Kline wies seine Sekretärin an, diese Aufzeichnungen zum Ende der Veranstaltung hin, bei der LL sprechen sollte, an AHE zu übergeben. Die Veranstaltung begann um 14 Uhr, und AHE bat alle Anwesenden, nach dem Vortrag und dem für Fragen und Antworten vorgesehenen Teil noch an einem weiteren, nicht angekündigten Programmpunkt teilzunehmen. Von den etwa fünfundzwanzig bis dreißig Anwesenden blieben fast alle sitzen, und um 15 Uhr überbrachte Dr. Klines Sekretärin den Brief und das Tonband mit Croisets Vorhersagen.

Wir hatten eine Aufzeichnung des Tests auf 8mm-Film und Tonband für Croiset vorbereitet, und jetzt informierte AHE das Publikum, dass Croisets Brief Informationen über einen Anwesenden enthielt und wir die Absicht hatten, die Reaktionen dieser Person und des Publikums auf die Verlesung des schriftlichen Materials aufzuzeichnen. Dann öffnete AHE den Brief und übersetzte ihn aus dem Niederländischen.

In dem Material ging es um die Person, die, vom Rednerpult aus gesehen, in der zweiten Reihe auf dem dritten Platz von rechts saß. Wie sich herausstellte, war das Herr M., ein Angestellter des Forschungszentrums. Croiset hatte dreizehn Aussagen getroffen, die so spezifisch waren, dass sie auf ihre Gültigkeit überprüft werden konnten. Diese Aussagen, die tatsächlichen Verhältnisse und die Reaktion des Publikums werden im Folgenden aufgeführt:

1. „In der zweiten Reihe, dritter Platz von rechts, wird ein Mann mittleren Alters sitzen. Er ist kräftig gebaut, sein weißes Hemd ist sehr deutlich zu sehen, und er hat spärliches, struppiges Haar." Herr M., der auf diesem Platz saß, war dreiunddreißig Jahre alt, wog fünfundneunzig Kilo und trug ein weißes Hemd (er hatte als Einziger im Publikum sein Jackett ausgezogen, sein weißes Hemd war also nicht zu übersehen); sein Haar war wellig und lang. Er sagte jedoch, er habe „lange" einen Bürstenschnitt getragen. Unserer Meinung nach kann man Herrn M. zurecht als „kräftig gebaut" bezeichnen; er wirkte allerdings eher muskulös als übergewichtig.

2. „Hat er in den letzten Tagen versucht, mit den Fingern eine Paketschnur aufzuknüpfen und sich dabei am Finger verletzt?" Nein.

3. „Hat er versucht, mit einem Bleistift eine verstopfte Kupferröhre frei zu bekommen?" Nein. Jedoch hatte Frau RS, die in der Reihe hinter Herrn M. saß, dies gerade erst bei einer Plastikröhre einer Aquarien-Belüftung gemacht. Die Röhre war mit grünen Algen bewachsen und sah wie ein oxidiertes Kupferrohr aus.

4. „Hat er versucht, ein Stück Papier zu vergraben oder es an einem Gartenzaun zu befestigen … sehr gefühlsgeladen … etwas Besonderes, was er sonst nicht tun würde?" Nein. Jedoch hatte besagte Frau RS am vergangenen Wochenende versucht, ein Stück Dachpappe am unteren Ende ihres Gartenzauns anzubringen, um das Unkraut abzuhalten.

5. „Wenn er zu Hause ist, hat er dann (aus seinem Fenster) einen Blick auf eine Straßenecke mit einem Geschäft mit einer Markise davor?" Nein.

6. „Wohnt er zu Hause mit drei, aber auch mit sieben Menschen zusammen?" Ja. Herr M. wohnt mit drei Menschen in seiner Mietwohnung, und er ist der älteste Sohn einer siebenköpfigen Familie, die er oft besucht.

7. „Hatte er vor kurzem starke Schmerzen in seinem rechten Schienbein?" Ja. Herr M. leidet an einem Bandscheibenvorfall, der besonders an seinem rechten Unterschenkel, im Schienbeinbereich, Schmerzen verursacht. Im Publikum gab es niemanden, der Ähnliches von sich behauptete.

8. „Hat er neulich herzlich über eine Schlagzeugtruppe gelacht, in der der Mann an der Pauke eine witzige Bewegung machte?" Ja. Herr M. erinnerte sich lebhaft an dieses Detail aus dem Film „Ein erfolgreicher Blindgänger (Charlie Bubbles)". Dieser Film von 1967 lief zum Zeitpunkt des Experiments in den Kinos in der Nähe des Centers. Im Publikum gab sonst niemand an, etwas Ähnliches erlebt zu haben.

9. „Ich sehe im Moment ein chinesisch anmutendes Haus … er ist eingetreten und musste seine Schuhe ausziehen, was zu einem kleinen Tumult führte. Es ist wie ein Tempel mit zwei Säulen … ein asiatisches Heim … Er tat das nicht gerne." Herr M. erinnerte sich sofort, dass er gerade erst in der vorigen Wo-

che in der Wohnung eines indischen Arztes zu Gast gewesen war. Dieser hatte ihn gebeten, vor dem Eintreten die Schuhe auszuziehen. Der Arzt hatte zur Dekoration zwei Säulen angebracht, die mit Federn zwischen Boden und Decke gespannt waren. Im Publikum hatte zum Zeitpunkt der Veranstaltung niemand sonst diese Wohnung besucht.

10. „… hatte er in emotionalem Aufruhr eine Landkarte zerrissen? Es war auch eine Dame hinter einem Schreibtisch zugegen … in einer Art Büro, und an der Seite saßen zwei Herren." Nein.

11. „Dieser Herr ist zu alt zum Sandburgen bauen, aber hat er Sand in einen Topf geschüttet … ich verstehe es nicht." Nein. Jedoch sagt Herr M., er habe neulich mit einer sehr feinen langen Silberkette gespielt und sie in einen Kaffeebecher gelegt. Dann habe er den Kaffee auf den Tisch ausgegossen, weil er so bestimmte Muster erzeugen wollte.

12. „Hatte er neulich mit einem Menschen zu tun, dem ein scharfer Gegenstand zwischen die Zehen gekommen war … dabei wurde ein Zeh verletzt und musste verbunden werden?" Bedingt Ja. In der vergangenen Woche war eine Tante von Herrn M.s Verlobter an einem Zeh mit einer Fehlstellung operiert worden. Die Dame hatte ihm den verbundenen Zeh gezeigt, und sie hatten sich über die Operation unterhalten.

13. „Ich sehe im Moment eine Straße, Menschen, einen Mann mit einer Brieftasche und eine Person, die versucht, ihm diese Brieftasche zu entreißen … Ist ihm das selbst passiert oder steht diese Geschichte in einem emotionalen Zusammenhang mit ihm? … Es kann irgendwann zwischen dem jetzigen Augenblick … und dem Zeitpunkt des Stuhltests passieren." Nein. Jedoch kam später ein Herr S., der ebenfalls bei der Veranstaltung gewesen war, auf AHE zu und sagte ihm, im Laufe

der vergangenen Woche habe ihm sein Vater von einer solch peinlichen Szene erzählt. Er habe sich aber geschämt, das vor Publikum zu sagen.

Später stellten sich noch zwei zusätzliche Daten heraus. Herr M. hatte erst drei Minuten vor Beginn der Veranstaltung überhaupt von ihr erfahren und hatte bisher noch nie an einem Gespräch über PSI teilgenommen. Er interessierte sich auch gar nicht für das Thema. Außerdem versuchte er auch meistens, bei Veranstaltungen etwas abseits der anderen zu sitzen, und im Nachhinein konnte er sich nicht erklären, warum er so auffällig in der zweiten Reihe gesessen hatte. Wörtlich sagte er: „Als ich in den Raum kam, verspürte ich mehr oder minder den Drang, mich auf diesen Platz zu setzen."

Insgesamt trafen sechs Aussagen von Croiset über die Person, die er als auf jenem Platz sitzend wahrgenommen hatte, direkt auf Herrn M. zu. Eine davon – die Aussage über die asiatische Wohnung – ist erstaunlich spezifisch und traf auf niemand anderen im Publikum zu. Einige andere Aussagen waren offensichtlich allgemeinerer Art, und wieder andere konnten so hingebogen werden, dass sie auf einen anderen Mann bzw. eine Frau im Publikum passten. Dennoch ist die kumulative Wahrscheinlichkeit, dass jemand solch persönliche Ereignisse vorhersagt, außerordentlich gering, berücksichtigt man die folgenden Überlegungen:

1. Das Subjekt interessierte sich nicht im Geringsten für Parapsychologie und wusste im Vorhinein nichts von der Veranstaltung.
2. Fast die Hälfte der Aussagen über dieses Subjekt traf zu.
3. Eine der Aussagen konnte ausschließlich auf dieses Subjekt in diesem Publikum zutreffen.

Die Bänder und Filme, sowohl von Croisets Sitzung unter Zeugen am 12. Juni 1968 in Utrecht als auch von der Veranstaltung am 21. Juni im Rockland State Hospital, sind im *Center for the Study of Psychic Phenomena* archiviert und stehen qualifizierten Personen für Forschungszwecke zur Verfügung.

Anmerkung von Lawrence LeShan: Ich habe dieses Präkognitions-Experiment auch deshalb hier in voller Länge aufgenommen, weil es ein gutes Beispiel dafür ist, welche Hinweise wir daraus gewinnen. Zusammen mit anderen Daten anderer Ereignisse können diese Hinweise unser Verständnis vertiefen.

Es gab echte, unmissverständliche „Treffer", die ausschließlich auf die Person zutrafen, die auf dem von Croiset bezeichneten Platz saß. Dazu gehörten das auffällige weiße Hemd (dieser Mann hatte als einziger der Anwesenden sein Jackett ausgezogen), der „Schmerz im rechten Schienbein", der Vorfall aus dem Film „Ein erfolgreicher Blindgänger" und die Aussage über das „asiatische Haus". Wären statistische Analysetechniken auf derlei Daten anwendbar (das sind sie nicht, aber das hindert die Leute nicht daran, es dennoch immer wieder zu versuchen), dann wäre die Wahrscheinlichkeit gegen diese Korrelationen so astronomisch hoch, dass es geradezu lächerlich wäre.

Zusätzlich gab es Aussagen, die auf die Person auf dem Platz hinter dem ausgewählten Subjekt zutrafen. Diese sind als „Fehlschläge" zu werten (eine PSI-Vorhersage ist entweder korrekt oder nicht), aber sie bieten uns Material, aus dem wir vielleicht etwas lernen können. Auch die „bedingten Fehlschläge" (wie Nr. 12) und die „völligen Fehlschläge" liefern Daten für unsere Analyse.

Wir müssen uns den Daten, die wir bei Studien dieser Art gewinnen, auf zwei Wegen nähern, zuerst mit der *méthode de l'humanité*, der idiographischen Wissenschaft.[45] Was ist ein paranormales Ereignis? Was ist *dieses* paranormale Ereignis? Wie unterscheidet es sich von anderen solchen Ereignissen? Worin ähnelt es ihnen? Wir suchen nicht nach allgemeingültigen Gesetzen, sondern wir wollen es verstehen können.

Zweitens müssen wir uns den Daten vom Standpunkt der *méthode de la nature* aus nähern, der nomothetischen Wissenschaft. Dies ist die klassische wissenschaftliche Methode. Gibt es Aspekte der Observablen, die wir entdeckt haben und die sich generalisieren, quantifizieren und zu allgemeingültigen Gesetzen entwickeln lassen? Können wir die Häufigkeit bestimmter Muster und Beziehungen messen? Welche Vorhersagen können wir daraus zu erstellen lernen? Wenn es uns auch nicht gelungen ist, dies bei der Erforschung des Bewusstseins zu tun, so müssen wir es bei der Erforschung von PSI dennoch versuchen.

Keiner dieser beiden Ansätze kann das neue Territorium, das wir erkunden, vollständig abdecken. Wir müssen beide mit gleicher intellektueller und emotionaler Aufgeschlossenheit ausprobieren. (Gemäß einer alten Weisheit ist das Labor ein wichtiges Werkzeug zur Überprüfung von Hypothesen, die wir außerhalb des Labors aufgestellt haben. Für eine Wissenschaft des PSI mag sie ebenso gelten – oder auch nicht.) Ein weiterer Grund, warum ich dieses Experiment aufgenommen habe, liegt darin, dass es ein reines und wasserdichtes Beispiel für Präkognition ist – eben jenem PSI-Typus, den die meisten Menschen am wenigsten akzeptieren können. Die Daten wurden unter Zeugen am 12. Juni aufgezeichnet. Damals war keinesfalls, weder im Wege der Sinne noch durch Extrapolation von mithilfe der Sinne gewonnener Informationen, vorhersehbar, wer am 21. Juni auf welchem Platz sitzen würde.

---

45 LeShan, Lawrence, *The Dilemma of Psychology*, Helios 2002

Und doch wurden spezifische Aussagen getroffen und aufgezeichnet, von denen wiederum einige mit einer Genauigkeit zutrafen,
die jeglichen Zufall ausschließt.

Es gibt hier nur drei Möglichkeiten:

- erstens, die Daten zu ignorieren, damit man beruhigt bei seiner kulturell bedingten Vermutung über die Beschaffenheit der
  Realität bleiben kann.

- zweitens, anzunehmen, dass die Verfasser dieses Artikels und/
  oder die Zeugen des Ereignisses absichtlich lügen, oder

- drittens, zu akzeptieren, dass hier ein echter Fall von Präkognition vorliegt und sich von hier aus auf Forschungsreise zu
  begeben.

Den meisten Menschen sind die ersten beiden Möglichkeiten am
angenehmsten.[46]

---

46 Es fällt vielleicht in der Tat den meisten Menschen schwer, die Präkognition
zu akzeptieren, dass sie jedoch gegen fundamentale Vorstellungen der modernen Wissenschaft verstößt, steht sehr zu bezweifeln. „Alle Philosophen
meinen, Kausalität sei eines der fundamentalen Axiome der Wissenschaft,
dennoch taucht in den fortgeschrittenen Wissenschaften das Wort ‚Ursache‘
seltsamerweise nirgendwo auf. Das Gesetz der Kausalität ist, so glaube ich,
ein Relikt einer vergangenen Epoche, das, wie etwa die Monarchie, nur deshalb überlebt hat, weil fälschlicherweise angenommen wird, es richte keinen
Schaden an." Bertrand Russell (zitiert in Dean Radin, „Time-Reversed Human
Experience: Experimental Evidence and Implications, unveröffentlichtes Manuskript, 2000, Esalen draft). „Die Folgen [der Existenz der Präkognition] sind
Häresien erster Ordnung. Aber ich glaube, wenn sich die wissenschaftlichen
Beweise weiter häufen, werden wir uns schließlich unausweichlich dem Vor-
wurf der Häresie stellen müssen. Ich glaube außerdem, dass die Folgen von
alledem so weit von unserem eingefleischten Denken entfernt sind, dass die
erste Reaktion auf diese Forschungsarbeit die Überzeugung sein wird, dass sie
falsch ist. Die zweite Reaktion wird im Erschrecken darüber bestehen, dass
sie richtig sein könnte. Und die wird die Bestätigung sein, dass sie auf der
Hand liegt." Radin, Time-Reversed Human Experience" (Diese Schrift ist eine
sorgfältige und distanzierte Meta-Analyse der experimentellen Beweise, die
bei der Erforschung der Präkognition gewonnen wurden. Wenn Sie den Mut
haben, Ihr Glaubenssystem auf diesem Gebiet zu überprüfen, oder wenn Sie

einfach wissen möchten, worüber Sie sprechen, wenn Sie darüber diskutieren, dann empfehle ich Ihnen, diese Schrift zu lesen.) F. C. S. Schiller schrieb, der erste Kanon der medialen Forschung laute: *Nichts ist unglaubwürdig, wenn die Beweise dafür gut genug sind.* Jeder, der dieses Forschungsgebiet beurteilt, muss sich entscheiden, ob er diesen Satz akzeptiert oder nicht. Wer allerdings mit einer vorgefassten Meinung über die Grenzen des Universums an diese Fragen herangeht, muss sich darüber klar werden, was als möglich akzeptiert werden kann und wo sein „Scheu-Punkt" liegt, also jener Punkt, an dem der Geist scheut und sich weigert, weiterzudenken. Unbewusst haben wir fast alle beschlossen, dass die Grenzen unseres Vorstellungsvermögens zugleich die Grenzen des Universums sind. Wir scheinen die bemerkenswerte Fähigkeit zu haben, die schlichte Wahrheit zu ignorieren, dass etwas entweder geschehen ist oder nicht, und dass, wenn etwas Unmögliches geschehen ist, dies große Bedeutung hat und unsere Überzeugung, was möglich ist und was nicht, sowie damit auch die Definition des Universums und des menschlichen Wesens, dauerhaft verändert.

5

PSI und veränderte Bewusstseinszustände

Es ist natürlich die reinste Binsenweisheit, dass all unser experimentelles Wissen und unser Verständnis der Natur ohne unsere Denkprozesse unmöglich sind und nicht existieren können.

P. W. Bridgman

Die Theorie bestimmt, was wir beobachten können.

Albert Einstein

Das Höchste wäre, zu begreifen, dass alles Faktische schon Theorie ist.
… Man suche nur nichts hinter den Phänomenen; sie selbst sind die Lehre.

Johann Wolfgang von Goethe

Unmögliche Ereignisse kommen nicht vor. Wenn sich ein Wissenschaftler daher der Tatsache gegenübersieht, dass ein unmögliches Ereignis eingetreten ist – unser täglich Brot als mediale Forscher – muss dieses Paradoxon gelöst werden. Das gelingt nur, wenn die Wirklichkeit dahingehend neu definiert wird, dass das, was zuvor unmöglich war, nun möglich wird. Wenn sich die Theorie den nackten Tatsachen beugen muss, dann müssen wir uns darüber im Klaren sein, was Theorie und was Tatsache ist. Das paranormale Ereignis ist die Tatsache. Unsere Definition der *Wirklichkeit*, die für uns bestimmt, was möglich und was unmöglich ist, ist die Theorie.

Bei der Erforschung des Paranormalen ist dies ein absolut kritischer Punkt. Die Frage ist, woher haben wir unser Wissen darüber, was möglich und was unmöglich, mithin „paranormal" ist? Wir haben den Punkt weitgehend ignoriert, dass jede Definition des *Paranormalen* von der Definition der *Wirklichkeit* herrührt und eine solche Definition eine Theorie und kein Faktum ist.

Wollten wir, wie die meisten Kritiker und „Widerleger" des Paranormalen, davon ausgehen, dass unsere Definition der Wirklichkeit ein Faktum ist und wir wissen, was die Wirklichkeit ist und wie sie funktioniert, dann verträten wir eine Ansicht, die sowohl die Naturwissenschaften als auch die Philosophie tautologisch machte, weil beide Disziplinen die Wirklichkeit hinterfragen und erforschen. Die Technik nutzt den gewöhnlichen Menschenverstand. Sie akzeptiert eine bestimmte Sicht der Wirklichkeit und versucht, mit dieser Sicht nach besten Kräften unsere Ziele zu erreichen. Die Wissenschaft, so Robert Oppenheimer, nutzt den ungewöhnlichen Menschenverstand; denn sie ist die Suche nach neuen Definitionen und Erkenntnissen. Die Technik versteht die in den jeweiligen Breiten allgemein anerkannte Definition der Wirklichkeit als Tatsache; die Wissenschaft versteht sie als Theorie.

Diese Art des ungewöhnlichen Menschenverstandes, des wagemutigen Hinterfragens grundlegender Definitionen, die in der Wissenschaft notwendig ist, die Art, die wir in der medialen und in der parapsychologischen Forschung nutzen, zeigt sich in einer Bemerkung des großen Mathematikers David Hilbert. Er hatte einmal in einem Gespräch einen seiner neuen Studenten erwähnt, der sehr vielversprechend wirkte. Einige Zeit später fragte ihn der Philosoph Ernst Cassirer, was aus diesem Studenten geworden sei. Hilbert antwortete: „Oh, er hatte nicht genügend Fantasie für einen Mathematiker, deshalb ist er Dichter geworden!"

Wir PSI-Forscher neigten bisher dazu, unsere Fantasie im Zaum zu halten und die gewöhnliche, alltägliche Definition der Wirklichkeit zu akzeptieren, welche die Tatsachen, die wir bei unserer Arbeit beobachtet haben, unmöglich macht. Immer wieder haben wir zu zeigen versucht, dass diese Tatsachen dennoch geschehen sind. Bei unseren Erklärungsversuchen, *wie* sie geschehen sind, haben wir uns im Allgemeinen bemüht, diese Erklärung im Rahmen der gewöhnlichen Definition zu finden. Nur hin und wieder wurde uns bewusst, dass diese Definition eine Theorie und keine Tatsache ist.

David Hume, der schottische Philosoph des 18. Jahrhunderts, irrte bei seinem berühmten Argument gegen den Wunderglauben. Da ein PSI-Ereignis ein Verstoß gegen die Gesetze der Realität und daher höchst unwahrscheinlich sei, so Hume, sei es wesentlich wahrscheinlicher, dass der Berichtende sich irre oder lüge, als dass das Ereignis tatsächlich geschehen sei. Was, fragte Hume, ist wahrscheinlicher, dass das Wunder geschehen ist oder der Bericht darüber falsch ist? Humes Irrtum lag darin, dass er seine Interpretation dessen, wie die Welt funktioniert, als Tatsache definierte, wohingegen sie in Wirklichkeit eine Theorie war. Als Tatsache war es rundweg unmöglich, dass ihr durch eine andere Tatsache (nämlich das Wunder) widersprochen würde. Daher musste also das paranormale Ereignis logischerweise nie geschehen sein und diejenigen, die davon berichteten, sich entweder täuschen oder lügen. Die logische Gedankenkette ist unanfechtbar, solange man die Definition nicht hinterfragt. Wird die Definition jedoch überprüft, so wird deutlich, dass sie eine Theorie ist und keine Tatsache und daher, sobald ihr eine Tatsache entgegensteht, als unzutreffend oder unvollständig aufgegeben werden muss.

Das Problem wird klar ersichtlich, wenn wir an Galileos Kol-

legen denken, die sich weigerten, durch das Teleskop zu schauen.
Sie weigerten sich, weil sie es nicht für notwendig hielten; denn
sie hatten ihre Theorie der Wirklichkeit mit einer Tatsache verwechselt. Ihrer Meinung nach kannten sie die Fakten, und es war
schlicht sinnlos, ein widersprüchliches Faktum zu beobachten. Der
Blick durch das Teleskop musste daher notwendigerweise falsch
sein, weil er bekannten Tatsachen widersprach. Aus dieser Dis-
tanz erkennen wir ihre Verwirrung deutlich. Schwieriger ist es,
die Verwirrung der modernen Wissenschaftler zu erkennen, die
die Tatsachen des PSI als notwendigerweise falsch verwerfen, da
(zumindest ihrem Verständnis nach) diese PSI-Tatsachen anderen
bekannten „Tatsachen" widersprechen (die jedoch in Wirklichkeit
nur eine Theorie sind). Die Wissenschaftler sind ebenso verwirrt
wie Galileos Zeitgenossen, aber aus der Nähe ist ihr Irrtum wesentlich schwerer zu erkennen.

Eine Theorie von der Wirklichkeit – eine Vorstellung davon,
wie die Welt funktioniert –, die uns so real erscheint, dass wir sie
als wahr und als Tatsache begreifen und behandeln, lässt sich auf
zweierlei Art und Weise beschreiben. Aus dem einen Blickwinkel,
nämlich dem, den wir einnehmen, wenn wir die Theorie persönlich
anwenden, ist sie ein Bewusstseinszustand, und wir reagieren auf
unsere Wahrheit über die Wirklichkeit: „So ist das." Aus dem anderen Blickwinkel ist sie einfach eine in sich zusammenhängende
Gruppe von Hypothesen über die Wirklichkeit, die danach zu beurteilen ist, wie effektiv sie den Zielen desjenigen dient, der diese
Beurteilung vornimmt. Sie ist eine metaphysische Theorie, die mit
anderen metaphysischen Theorien zu vergleichen ist.

Diese beiden Beschreibungen – Bewusstseinszustand und metaphysische Theorie – sind zwei Seiten derselben Medaille. Wenn
wir sie anwenden, so sprechen wir aus zwei verschiedenen Blick-

winkeln über ein und dasselbe. Sie sind dasselbe Phänomen, das auf zwei verschiedene Arten erlebt wird.

Das hat eindeutige Auswirkungen. Es zeigt, dass es so etwas wie einen allgemein „richtigen" oder „normalen" Bewusstseinszustand nicht gibt, sondern vielmehr nur verschiedene Zustände, verschiedene Organisationsformen des Bewusstseins, die unter dem Gesichtspunkt miteinander verglichen werden können, wie sehr sie uns dazu verhelfen, unsere Probleme zu lösen und unsere Ziele zu erreichen.

Was sind die Probleme? Was sind die Ziele? In einem Traum handeln wir nach einer spezifischen kohärenten metaphysischen Theorie. Wir befinden uns in einem bestimmten Bewusstseinszustand, der sich von unserem gewöhnlichen westlichen Bewusstseinszustand im 21. Jahrhundert (den wir im Allgemeinen als den „normalen" oder „richtigen" betrachten) unterscheidet.

Träumen ist für uns notwendig, werden wir daran gehindert, so erleiden wir negative Persönlichkeitsveränderungen. Durch Träumen können wir ein Ziel erreichen, das wir in anderen bekannten Bewusstseinszuständen offensichtlich nicht (oder nicht so gut) erreichen können. Wir haben also zwei Bewusstseinszustände, Wachen und Träumen, die jeweils für bestimmte menschliche Ziele geeignet sind.

Mystiker wiederum üben sich im Erreichen anderer Bewusstseinszustände und glauben, dass auch sie für die Entwicklung zum ganzen Menschen und für die Erfüllung bestimmter menschlicher Bedürfnisse notwendig sind.

Aus der Sicht der modernen Wissenschaft stehen die Physiker auf der Kehrseite der Mystiker-Medaille. Physiker glauben, dass bestimmte Theorien der Wirklichkeit notwendig sind, um bestimmte Probleme zu lösen, und andere Theorien notwendig sind, um andere Probleme zu lösen. Die Theorien der Physiker sind

dabei mit Sicherheit aufeinander bezogen und miteinander kompatibel. Doch bei allen Bezügen unterscheiden sich die Theorien der
Wirklichkeit, die Physiker als notwendig postulieren, auch stark
voneinander und beinhalten verschiedene Entitäten und Gesetze.
(Es erfordert sehr unterschiedliche Bewusstseinszustände, um im
Wege der Erfahrung auf sie zu reagieren.) Was nach der einen
metaphysischen Theorie möglich ist, ist nach der anderen unmöglich, mithin paranormal. Ich könnte an dieser Stelle zum Beispiel
darauf hinweisen, wonach das, was auf subatomarer Ebene möglich ist, dass nämlich ein Elektron von einer Bahn auf eine andere
„springt", ohne dabei den Raum zwischen den beiden Bahnen zu
durchqueren, auf der molekularen Ebene Teleportation ist. Doch
Teleportation gilt gemeinhin als paranormal. Die Theorien der
Wirklichkeit, die Physiker auf diesen beiden Gebieten postulieren
und anwenden, sind extrem unterschiedlich.

Wir könnten noch viele ähnliche Beispiele finden. So ist die
Tatsache, dass ein Elektron gleichzeitig durch zwei verschiedene
Löcher in einer Platte dringen kann, ohne sich dabei zu teilen, in
der Theorie, die sich mit Problemen auf der Quantenebene befasst,
vollkommen normal. Nach der Theorie jedoch, die im Alltagsle-
ben zur Anwendung kommt, ist das Bilokation – ein paranormales
Phänomen. Nach einer anderen Theorie der Wirklichkeit, nämlich
derjenigen der Relativitätsphysiker, ist es ein ganz normales Phänomen, dass aus der Sicht des einen Beobachters Ereignis A vor
Ereignis B geschieht, aus der Sicht eines zweiten Beobachters die
beiden Ereignisse gleichzeitig geschehen und aus der Sicht eines
dritten Beobachters Ereignis B vor Ereignis A eintritt. Bei vielen
Ereignissen lässt sich unmöglich sagen, ob sie gleichzeitig oder
nacheinander eingetreten sind. Aus der Sicht der gewöhnlichen,
alltäglichen Theorie der Wirklichkeit würde dies zu Prä- und Ret-

rokognition führen – zu paranormalen Phänomenen. Die Theorien der Wirklichkeit, die Physiker anzuwenden für notwendig erachten, sind so anders als die alltägliche Sicht der Wirklichkeit, dass das, was in der einen unmöglich und paranormal ist, in der anderen häufig vollkommen möglich und normal ist.

Selbst wenn unterschiedliche metaphysische Systeme zur Beschreibung von Ereignissen dieselben Worte verwenden, ist das lediglich irreführend, da diese Worte in den verschiedenen Systemen vollkommen unterschiedliche Bedeutung haben. Wir lernen, dass ein „Elektron" einen „Spin" hat. „Spin", so wissen wir, ist die Bewegung eines Objekts um sich selbst, also etwa die Rotation eines Planeten um seine Achse. Das ist eine einfache, allgemein bekannte Vorstellung. Wir haben alle schon Kreisel gesehen und verstehen den Begriff. So entwickeln wir ein klares, intuitives Bild, dass ein Elektron ein kleines rundes Objekt ist, das sich bei seiner Fortbewegung schnell um sich selbst dreht. Dann aber finden wir heraus, dass sich der Beobachter (oder die Beobachterin), egal in welcher Position er (oder sie) sich befindet, immer in Übereinstimmung mit der Rotationsachse des „Spin" befindet. Daraus wird deutlich, dass das Wort „Spin" in diesem System eine völlig neue Bedeutung erhalten hat. Außerdem stellen wir fest, dass unser kleines rundes Objekt weder eine Farbe noch keine Farbe und auch keine Temperatur haben kann. So wird uns bewusst, dass unser intuitives Verständnis in keinerlei Beziehung zum tatsächlichen Phänomen Elektron steht. Wir haben Ereignisse und Begriffe aus einem metaphysischen System, einer Art, die Wirklichkeit zu fassen, auf ein anderes angewandt und enden durch dieses unzulässige Vorgehen in kompletter Verwirrung.

Dies führt uns zu einer revolutionären Erkenntnis: In einem übergeordneten Sinn sind mehrere metaphysische Systeme – mehrere Bewusstseinszustände – gleichermaßen gültig. Keines ist einer ir-

gendwie gearteten „wahren Wirklichkeit" näher als ein anderes,
und wenn doch, so könnten wir das nie herausfinden, denn wir
können die Wirklichkeit immer erst erfassen, nachdem sie von
unserem Bewusstsein gedeutet und in eine Form gegossen wurde,
nach Edmund Husserls „universalem a priori der objektiv-logischen
Ebene" also. Die Frage „Welche metaphysische Theorie ist wahr?"
geht ins Leere. Sie kann *nie* beantwortet werden. Eine Frage, mit
der wir uns befassen können, lautet jedoch: Was können wir mit
der einen metaphysischen Theorie erreichen und was mit einer
anderen? Henry Margenau hat dies klar ausgedrückt: „Die Frage
lautet mithin nicht, ob Materie stetig ist, sondern wie erfolgreich
Theorien sind, wenn sie das Konstrukt, das sie für ihr System
halten, als stetig betrachten."[47]

Dasselbe gilt für die Kehrseite der Medaille. Wir fragen nicht
mehr: „Welcher Bewusstseinszustand ist der richtige, so dass wir,
wenn wir ihn verwenden, die Wirklichkeit wahrnehmen und darauf reagieren?" Wir können vielmehr nur fragen, welcher Bewusstseinszustand zum Erreichen welcher Ziele der effektivste ist.
Die Vorstellung von einem „richtigen" oder „normalen" Bewusstseinszustand werden wir wohl auf jenes übervolle, staubige Regal
mit der Aufschrift „Überholte Ideen, Übernahme nur auf eigenes
Risiko" werfen müssen. Wir können allerdings fragen: „Welcher
Bewusstseinszustand ist statistisch in welchen kulturellen Situationen der vorherrschendste?"

Zusammen genommen ergeben diese Einsichten die erstaun-
lichste und am wenigsten verstandene Erkenntnis der modernen
Wissenschaft: Wir suchen nicht mehr nach dem, was die Wirklichkeit *ist*, sondern nach Möglichkeiten, sie zweckdienlich zu deuten,
sie so zu definieren, dass das unseren Zielen weiterhilft. Es gibt

---

47 Margenau., Henry, *The Nature of Physical Reality*, Mc-Graw-Hill 1950.

kein „richtiges" metaphysisches System, sondern nur eine Reihe von Systemen mit eingeschränkter Nützlichkeit; und verschiedene Teilbereiche der Wirklichkeit brauchen unterschiedliche metaphysische Systeme, damit ihre Daten kohärent dargestellt werden können. Es gibt keinen „richtigen" Bewusstseinszustand, der die „Wirklichkeit" spiegelt, sondern lediglich eine Reihe verschiedener Bewusstseinszustände, die für bestimmte Zwecke des Menschen nützlich oder nutzlos sind.

Der nächste Schritt ergibt sich von selbst. Wenn es eine Reihe verschiedener, gleichermaßen „richtiger" metaphysischer Systeme – Bewusstseinszustände – gibt und diese sich in den in ihnen enthaltenen Entitäten und Gesetzen deutlich voneinander unterscheiden, dann können wir mit einigen bestimmte Dinge tun und mit anderen nicht. Wenn etwas in einer bestimmten Konstruktion der Wirklichkeit „paranormal" ist, so bedeutet dies, dass es durch die einschränkenden Grundprinzipien dieser Konstruktion verboten ist und nicht geschieht, wenn wir diese Konstruktion verwenden. Es ist durch diese metaphysische Theorie nicht zu erklären, da es, dieser Theorie zufolge, nicht geschieht. Man kann Ereignisse nicht mit einem metaphysischen System (einer Theorie der Wirklichkeit) erklären, in der sie unmöglich sind.

Das *müssen* wir uns immer vor Augen halten. Es ist von entscheidender Bedeutung für das Problem, das wir medialen Forscher mit der Erklärung oder dem Verständnis von PSI-Phänomenen hatten. Wenn ein Ordnungssystem der Wirklichkeit verbietet, dass bestimmte Ereignisse geschehen (wie etwa in unserem alltäglichen System eine Wirkung, die ihrer Ursache zeitlich vorausgeht), dann kann man dieses Ereignis nicht innerhalb dieses Systems erklären. Das ist, als wolle man die Berührung paralleler Linien mit dem System der euklidischen Geometrie erklären. Man kann versu-

chen, was man will, es ist einfach unmöglich, da ein grundlegendes
Axiom der euklidischen Geometrie besagt, dass sich parallele Linien niemals berühren, selbst wenn sie ins Unendliche fortgesetzt
werden. Die Konvergenz paralleler Linien kann mit dem System
der Riemannschen Geometrie erklärt werden, nicht aber mit dem
euklidischen System. Das liegt nicht daran, dass sie schwierig oder
komplex zu erklären wäre, sondern es ist vielmehr schlicht nicht
möglich. Wenn eine Wirkung anscheinend ihrer Ursache vorausgeht (wie bei der Präkognition), dann muss man das innerhalb eines
Systems erklären, in dem so etwas vorkommen *kann*.

In einer alten Geschichte fragt ein Reisender, der sich verirrt
hat, einen Einheimischen, wie er nach Salisbury käme. Der Bauer
antwortete: „Sie können fünf Meilen nach Norden gehen und sich
dann nach Westen wenden … Nein, das ist nicht gut. Sie können
drei Meilen nach Westen gehen und dann die erste Straße nehmen,
die nach Norden führt … Nein, so geht es auch nicht. Gehen Sie
nach Osten und dann … Bei Gott, von hier aus kommen Sie überhaupt nicht dorthin!" Parapsychologische Forscher haben immer
wieder versucht, auf den scheinbar so soliden Straßen unserer üblichen Theorie der Wirklichkeit von hier nach da zu kommen. Es
geht nicht.

In unserer üblichen Deutung der Wirklichkeit können wir bestimmte Dinge tun, andere hingegen nicht. Wir können zum
Fußball-Stadion fahren, zum Waterloo-Bahnhof oder zum Place
d'Etoile. Aber wir können nicht nach Vorgestern oder ins Land
Oz reisen. Wir können etwas mit unseren Sinnen wahrnehmen
oder aus bekannten Daten extrapolieren. Aber wir können nicht
hellsichtig oder präkognitiv sein. So ist das nun einmal, und wir
werden lernen müssen, damit zu leben. Wir müssen auf Thomas
Carlyles Worte hören, der auf Margaret Fullers glanzvollen Satz:

„Ich akzeptiere das Universum" erwiderte: „Madame, das sollten Sie auch."

So gesehen hatten die Spiritualisten und Theologen eher recht als die Naturwissenschaftler, wenn sie versuchten, paranormale Ereignisse mit der Behauptung zu erklären, Geister oder Gott hätten sie bewerkstelligt. Sie griffen zu Entitäten aus einem anderen metaphysischen System, um Phänomene zu erklären, die in diesem nicht zu erklären sind. Indirekt sagten sie damit auch, dass man für die Erklärung paranormaler Ereignisse ein anderes metaphysisches System benötigt, einen anderen Bewusstseinszustand, wohingegen Naturwissenschaftler versuchten, am herkömmlichen metaphysischen System festzuhalten und diese Ereignisse innerhalb dieses Systems zu erklären. Leider aber waren diese Ereignisse in der Begriffswelt des üblichen Systems unmöglich, und daher waren auch ihre Erklärungen unmöglich.

Ich sage bewusst, dass die Spiritualisten und Theologen „eher recht" hatten als wir, nicht, dass sie „recht" hatten. Die Situation ist ähnlich wie bei dem kleinen Jungen, der nach Hause kam und seiner Mutter erzählte, er habe den ersten Preis bei einer Prüfung gewonnen. Die Frage hatte gelautet: „Wie viele Beine hat ein Pferd?" Er hatte geantwortet: „Drei." Als seine Mutter ihn fragte, wie er dann den ersten Preis gewonnen habe, erklärte er, alle anderen Kinder hätten „zwei" gesagt.

Wenn ein Ereignis ein schwerer Verstoß gegen unsere Theorie der Wirklichkeit ist, dann ist eine gründliche Überarbeitung dieser Theorie vonnöten. Der Grad der Überarbeitung muss dem Grad des Verstoßes entsprechen. Rührt der Verstoß nicht an grundlegende einschränkende Prinzipien, so sind wohl nur minimale Veränderungen angezeigt. Das Abstandsquadrat-Gesetz (wonach die Intensität einer Energie, die mit einem konstanten Instrument aus einer

Quelle gemessen wird, sich im Quadrat der Entfernung zwischen dem Instrument und der Quelle verringert) kann modifiziert werden, wenn wir den Laser einführen oder wenn wir zwischen der Stärke des Signals und der Menge der Information unterscheiden, die es trägt. Das Gesetz als Ganzes bleibt gültig, wenngleich sein Geltungsbereich eingeschränkt wird.

Wir müssen an dieser Stelle herausfinden, in welche Position unsere Daten uns zwingen. Bedeuten sie, dass nur kleine Anpassungen notwendig sind, wie etwa beim Laser und dem Abstandsquadrat-Gesetz? Oder ist eine größere Modifizierung notwendig, etwa eine, die besagt, dass der alte grundlegende Aufbau der Wirklichkeit seine Gültigkeit behält, sein Geltungsbereich aber nun als eingeschränkt erkannt wird und in bestimmten anderen Bereichen andere Gesetze gelten? Genau das geschah mit der Newtonschen Mechanik nach Einsteins Revolution und mit der euklidischen Geometrie, nachdem Nikolai Iwanowitsch Lobatschewski und Bernhard Riemann ihre nichteuklidische Geometrie entwickelt hatten. Die euklidische Geometrie ist immer noch gültig, aber ihr Geltungsbereich wurde eingeschränkt. In anderen Teilbereichen der Wirklichkeit gelten andere gültige Geometrien mit anderen Axiomen und Theoremen, die zur Lösung anderer Probleme notwendig sind. In der euklidischen Geometrie ist eine Gerade der kürzeste Abstand zwischen zwei Punkten. In anderen Geometrien ist sie das nicht.

Welche Anpassungen unserer Theorien der Wirklichkeit verlangen PSI-Ereignisse? Die Anpassungen müssen die Tatsache berücksichtigen, dass unsere übliche Theorie der Wirklichkeit in weiten und wichtigen Bereichen gültig ist. In den meisten Fällen arbeiten wir damit zu effektiv und sagen zu präzise vorher, welche Wirkungen auf welche Ursachen folgen, als dass wir vermuten müssten, unsere übliche Theorie sei vollkommen ungültig. Wir müssen uns vor der Sache mit dem Kind und dem Badewasser hüten. Unsere Sicht der Wirklichkeit wurde nicht leichtfertig gewonnen und darf deshalb auch nicht leichtfertig verworfen werden. Das Problem verlangt nicht, dass wir unsere Grundtheorie der Wirklichkeit über Bord werfen, sondern vielmehr, dass wir herausfinden, inwieweit wir ihren Geltungsbereich verringern und eine Theorie entwerfen müssen, die zu den alten wie zu den neuen Daten passt.

Wir müssen uns auch vor dem Solipsismus hüten. (Das ist der Glaube, dass ich der einzige Mensch im Universum und der Schöpfer von allem und jedem bin, was darinnen ist.) Nach einem Vortrag kam einmal eine Frau auf Bertrand Russell zu und sagte, sie sei froh, dass er Solipsist sei, denn sie sei auch Solipsistin und hoffe, es gebe noch eine Menge mehr! Wir können die Wirklichkeit auf viele Arten und Weisen deuten, sie in einer Reihe verschiedener Muster ordnen, wahrnehmen und darauf reagieren, aber dabei deuten und ordnen wir immer noch *etwas*, wir nehmen *etwas* wahr und reagieren auf *etwas*. Es „gibt" ein Etwas! Es gibt mehr als nur „mich".

Dieses Etwas ist rätselhaft und im letztendlichen Sinne prinzipiell unerkennbar, aber es ist real und wird sich bei unseren Versuchen, es in nützlichen Mustern zu ordnen, nur in unterschiedlicher Weise biegen. Welches die Gesetze und Grenzen dieses Biegens sind, das wissen wir noch nicht, aber wir können sicher sein, dass es sie gibt. Wir können das Universum nicht nach Belieben umgestalten, wir können es lediglich in einer Reihe funktionaler Muster ordnen. Wenn 437 Schizophrene in einer psychiatrischen Klinik sind, dann bedeutet das nicht, dass dort 437 legitime und gültige Ordnungsmöglichkeiten der Wirklichkeit vertreten sind. Es bedeutet nur, dass 437 Schizophrene in der Klinik sind.

Vielleicht müssen wir letztendlich zu einem Verständnis der Wirklichkeit kommen, wie wir es etwa im Hinblick auf die Per-

sönlichkeitsentwicklung bei der „Anlage-Umwelt-Kontroverse"
erreicht haben.

Nachdem lange auf den jeweiligen Positionen beharrt wurde, die
Persönlichkeitsentwicklung werde nahezu ausschließlich von der
Anlage bzw. der Umwelt geprägt, sind wir zu dem Schluss gelangt,
dass die Anlage die äußeren Grenzen der Möglichkeiten bestimmt,
innerhalb derer der einzelne Mensch allerdings eine solche Mi-
schung aus beidem ist, dass wir unmöglich trennen können, wie
viel jede (Anlage und Umwelt) zur Bildung des Endprodukts, also
der Person zum Zeitpunkt unserer Untersuchung, beigetragen hat.

Sarvepalli Radhakrishnan, der indische Philosoph des 20. Jahrhunderts, brachte diese Ansicht in seinem Buch *Die Gemeinschaft
des Geistes. Östliche Religionen und westliches Denken* klar zum
Ausdruck: „... existiert die objektive Welt. Sie ist kein Wahnbild.
Sie ist real, nicht insofern sie endgültig ist, sondern als eine Form,
als ein Ausdruck des Endgültigen. Die Welt als endgültig real zu
betrachten, ist Täuschung."[48]

Der einzige Ausweg aus der Klemme, in die uns das Auftreten
von PSI-Ereignissen gebracht hat, führt über die Feststellung, dass
unsere übliche Theorie der Wirklichkeit gültig ist, dass es aber
mehr gibt. Unsere übliche Theorie gilt in bestimmten Situationen
(wozu der Großteil unseres Alltagslebens gehört, das Schnürsen-
kelbinden und der Kauf von Flugtickets ebenso wie die Herstellung
der Schuhe und der Flugzeuge), aber es gibt andere Situationen,
mit denen diese Theorie nicht umgehen kann. In der Wissenschaft
sind wir solche Vorgehensweisen gewohnt. Wir versuchen nicht
mehr, das Verhalten subatomarer Teilchen mit denselben Theorien
von Ursache und Wirkung vorherzusagen, mit denen wir das Ver-

---

48 Sarvepalli Radhakrishnan, *Die Gemeinschaft des Geistes. Östliche Religionen und westliches Denken*, Holle Verlag, Darmstadt und Genf

halten von Molmassen vorhersagen, die sich (relativ zu uns) mit Geschwindigkeiten von ein paar Dutzend oder ein paar Hundert Kilometern pro Stunde bewegen. Wir haben unsere üblichen Vorstellungen davon, was die Wirklichkeit ist und wie sie funktioniert, nicht über Bord geworfen, sondern sie vielmehr auf einen eingeschränkteren Bereich begrenzt. Wir haben also faktisch gesagt: Dese Vorstellungen sind wahr und gültig, aber es gibt mehr. Und dieses *Mehr* ist ganz anders.

Nach den Gesetzen eines bestimmten Systems der Wirklichkeitsdeutung mit den Begriffen unserer üblichen Wirklichkeitstheorie bedeutet *paranormal* „unmöglich". Bestandteil dieser Theorie ist das Axiom, dass sie die einzig gültige ist. Wie wir gesehen haben, haben wir dieses Axiom bereits auf vielen Gebieten aufgeben müssen, um den Geltungsbereich unserer Theorie einzuschränken. Statt weiterhin zu behaupten: „So und nur so ist und funktioniert die Wirklichkeit; dies ist die einzig gültige Theorie und alles andere ist unvernünftig" sagen wir jetzt: „Dies ist eine fruchtbare Deutungsart weiter Teile der Wirklichkeit, – im Großen und Ganzen all jener Teile, die sich unseren üblichen Sinnen erschließen – und sie ist auch isomorph (weist also dieselbe Struktur und Dynamik auf) mit einem Bewusstseinszustand, mit dessen Hilfe wir viele unserer physischen Ziele erreichen können."

Angesichts der paranormalen Ereignisse, die in unserem üblichen metaphysischen System schlicht nicht vorkommen könnten, sind wir gezwungen, den Geltungsbereich dieses Systems einzuschränken. Wir haben das andernorts in der Wissenschaft getan, wir müssen es auch bei PSI-Ereignissen tun. Es gibt schlicht nichts, was wir sonst tun, oder Wege, die wir sonst beschreiten könnten. *Unmögliche Ereignisse geschehen nicht.* Wenn doch, dann ist unsere Definition von *unmöglich* (und damit unsere Theorie der Wirklichkeit, durch die wir zu dieser Definition gelangt sind) falsch. Wie wir es auch drehen und wenden, wir kommen nicht darum herum – und Gott weiß, wie sehr mediale und paranormale Forscher es versucht haben.

Mit PSI haben wir gezeigt, dass „unmögliche" Ereignisse vorkommen. Jetzt haben wir zwei Möglichkeiten. Wir können unsere Definition dessen, was möglich und was unmöglich ist, ändern (und das geht nur durch eine Einschränkung des Geltungsbereichs unserer üblichen Definition der Wirklichkeit), oder wir können versuchen, die Existenz dieser Ereignisse zu beweisen. Vielleicht wird uns, wenn wir nur lange genug mit dem Versuch einer solchen Beweisführung weitermachen, eines Tages jemand darauf hinweisen, dass dies unausweichlich dazu führt, dass unsere übliche Theorie der Wirklichkeit in ihrer Gültigkeit eingeschränkt werden muss. Vielleicht nimmt uns dieser Außenstehende sogar die Arbeit ab und zeigt uns, wo und wie sie eingeschränkt ist. Oder wir können tun, was unsere Wissenschaft von uns verlangt, und die Grenzen dieser Wissenschaft erforschen, wobei wir zugleich das alternative metaphysische System entwickeln, das wir zur Erklärung unserer Daten benötigen. Das wird notwendigerweise dazu führen, dass wir *den Bewusstseinszustand erforschen, der erforderlich ist, damit PSI-Ereignisse zugelassen werden können.* So kommen wir schließlich vielleicht zu einem kohärenten und akzeptablen wissenschaftlichen Gebiet. Wir medialen Forscher haben immer wieder (vergeblich) gefordert, PSI-Skeptiker müssten ihren Ansatz ändern und anfangen, an unmögliche Tatsachen zu glauben. Vielleicht ist es aber in Wirklichkeit unsere Aufgabe, *unseren* Ansatz zu ändern, damit unmögliche Tatsachen möglich und damit glaubwürdig werden. Das können wir nur, indem wir die Definition der Wirklichkeit, die darüber entscheidet, was möglich und was unmöglich ist, erforschen und verändern.

Die Einzigen, die die Vorstellung akzeptiert haben, dass man das System der Wirklichkeitsordnung, das man anwendet, verändern muss, wenn man bestimmte Probleme lösen will, sind die Physiker und Mathematiker. Auf diese Art konnten sie einige scheinbar unüberwindliche Hindernisse meistern. Wir PSI-Forscher haben Probleme, die ganz genauso unmöglich erscheinen wie diejenigen, die sich den Physikern und Mathematikern stellten – wir können aus ihrem Beispiel lernen.

Wenn wir uns ernsthaft an die Arbeit begeben, festzulegen welche neue Wirklichkeitsordnung unsere PSI-Daten erfordern, müssen wir uns darauf gefasst machen, dass wir mit etablierten Vorstellungen und sich scheinbar von selbst verstehenden Glaubensüberzeugungen brechen müssen. In einer echten Wissenschaft gibt es keine heiligen Kühe, und fast jede Vorstellung, die die Menschen früher für eine Grundwahrheit der Wirklichkeit gehalten haben, wurde später verworfen. Bis zum 20. Jahrhundert war ein Eckstein nahezu jedes Modells des Universums das Axiom *natura non facit saltus* – die Natur macht keine Sprünge. Diese Ansicht gilt heute als falsch. Sowohl die Quantentheorie in der Physik als auch die moderne Entwicklungsbiologie erfordern exakt solche Sprünge, um die Phänomene auf ihren jeweiligen Gebieten zu erklären. Es gibt in der Tat keine größere Bigotterie und Engstirnigkeit als den Anspruch, dass alles mögliche Wissen von derselben Art sein muss wie das, was wir bereits kennen, und Erklärungen vor dem Horizont unseres heutigen Wissens nur die Struktur und die Elemente enthalten dürften, die uns aus unseren alltäglichen Erfahrungen bekannt sind.[49]

---

49 Dieser Abschnitt ist eine sinngemäße Wiedergabe einiger Bemerkungen von P. W. Bridgman in seiner *Logic of Modern Physics*, Macmillan 1960. Er zitiert Herbert Feigl: „Wissenschaft ist Wahrheit auf Widerruf."

Über dem Tor, durch das alle treten müssen, die Zutritt zur Kathedrale der Wissenschaft erlangen möchten, steht ein großes Schild, das im Allgemeinen jedoch übersehen wird. Darauf ist zu lesen:

GEFÄHRLICHER UND INSTABILER BAU.

UMFANGREICHE RENOVIERUNGSARBEITEN.

KANN JEDERZEIT KOMPLETT ABGERISSEN UND NEU AUFGEBAUT WERDEN.

Zu Beginn der Renaissance schrieb Petrarca: „Glaube nicht dem üblichen Gerede, dass es nichts Neues unter der Sonne gibt und nichts Neues gesagt werden kann. Es ist wahr, Salomon und Terenz haben das gesagt; aber wie viel Neues ist nicht seit ihrer Zeit geschehen?"

Wenn das zu Petrarcas Zeit galt, um wie viel mehr muss es dann in unserer gelten?

Bei einem Vortrag über Gnade und Transzendenz wurde der Philosoph Gabriel Marcel gebeten, diese Begriffe zu definieren. Er erwiderte: „Wie ich sehe, kann ich sie nicht mit Ihren Begriffen definieren, meine Herren. Aber wenn ich ein Klavier hier hätte, könnte ich sie Ihnen vorspielen."

Was im Rahmen *einer* Auffassung von der Wirklichkeit, *eines* Weltbildes, erklärt werden kann, ist in einer anderen unerklärlich. Und kein einzelnes Weltbild hat ein Monopol auf die Wahrheit! Keines gilt überall! Aus wissenschaftlicher Sicht ist die Frage: „Was sind Struktur und Dynamik der Wirklichkeit?" unzulässig, da sie prinzipiell nicht so beantwortet werden kann, dass die Antwort auf ihre Gültigkeit überprüft werden könnte.

Wilhelm Windelband, der viel zu der Perspektive, die ich hier umreiße, sowie zu ihrer Auswirkung beitrug, dass nämlich verschiedene wissenschaftliche Methoden notwendig sind, um Probleme in verschiedenen Weltbildern zu lösen, schrieb:

> So gibt es eine Metaphysik der Kinderstube und des Märchens – eine Metaphysik des praktischen Lebens – eine Weltanschauung des religiösen Dogmas, ein Lebensbild, das wir in den Werken des Dichters und Künstlers genießen und aus ihm uns zu eigen machen. Alle diese Formen der Weltanschauung ... haben natürliche, individuelle, historische Voraussetzungen und damit die Grenzen für den Bereich ihrer Geltung.[50]

In welchem Weltbild können PSI-Ereignisse auftreten, ohne seine Gesetze, seine grundlegenden einschränkenden Prinzipien zu verletzen? Wie können wir auf dem Gebiet dieser Erfahrungen Wissenschaft betreiben? Was sind die Auswirkungen für die Menschen, für unsere Beziehung zu uns selbst und anderen und zum Kosmos? Das sind Fragen, die sich aufgrund der Existenz von PSI-Ereignissen stellen und mit deren Erforschung wir beginnen müssen.

Die folgenden beiden PSI-Ereignisse habe ich hier aufgenommen, um einen Eindruck von der Atmosphäre der Anfangstage der PSI-Forschung zu vermitteln. Damals ging es in den Studien oft um mediale Aussagen, automatisches Schreiben und „physikalische Medialität", also die Beeinflussung von Materie durch mediale Mittel. Der erste Vorfall, „Mrs. Verrall", ereignete sich 1912, der zweite, „Die vier Fotos", in den 1970er Jahren, aber sie sind beide typisch für die Arbeit im letzten Viertel des 19. und im ersten Viertel des 20. Jahrhunderts. Auch der Fall Hinchliffe,

---

50 Windelband, Wilhelm, Einleitung in die Philosophie, Mohr 1914

der zu Beginn von Kapitel Eins geschildert wird, ist typisch für diese Zeit.

Fallgeschichte
„MRS. VERRALL"
Nandor Fodor[51]

Einer der älteren PSI-Vorfälle kann möglicherweise ein Gespür dafür vermitteln, wie weit dieses Gebiet ist. Die Engländerin Margaret Verrall (1851-1912) war eine der begabtesten und am sorgfältigsten untersuchten Sensitiven aller Zeiten. Ihre Rechtschaffenheit und ihre peinlich genauen Aufzeichnungen wurden nie in Frage gestellt, nicht einmal von den höchst skeptischen Mitgliedern des *Committee of the Society for Psychical Research*, die sie eingehend examinierten und auf die Probe stellten.

In ihrem Tagebucheintrag vom 11. Dezember 1911 hielt Mrs. Verrall folgende paranormale Wahrnehmung fest:

Die Kälte war beißend, und eine einzige Kerze spendete spärliches Licht. Er lag auf dem Sofa oder einem Bett und las Marmontel im Schein einer einzigen Kerze. ... Das Buch war ihm geliehen worden, es gehörte ihm nicht. [Am 17. Dezember fuhr sie mit ihren Notizen fort.] Der Name Marmontel ist richtig. ... Ein französisches Buch, ich glaube, seine Memoiren. Vielleicht hilft ihm der Name Passy, sich zu erinnern. Passy oder Fleury. Das Buch war in zwei Bänden gebunden, die Bindung war alt,

---

51 Aus Fodor, Nandor, *The Encyclopedia of Psychic Science*, University Books 1966.

und das Buch war ihm geliehen worden. Der Name Marmontel
steht nicht auf dem Einband.

Am 1. März 1912 erzählte ihr Freund Marsh Mrs. Verrall, er habe
am 20. und 21. Februar in bitterkalten Nächten in Paris bei Ker-
zenschein die Memoiren von Marmontel gelesen. Einmal lag er im
Bett, ein anderes Mal hatte er sich auf zwei Sesseln ausgestreckt.
Er hatte sich das (dreibändige) Werk geliehen, und am 21. Februar
hatte er das Kapitel gelesen, in dem Marmontel die Entdeckung
eines Bildes schildert, das in Passy gemalt worden war; die Entdeckung stand im Zusammenhang mit einem Monsieur Fleury.

Fallgeschichte
DIE VIER FOTOS
Lawrence LeShan

Mitte der 1970er-Jahre saß ich eines Nachmittags mit Mrs. Garrett (der wir bereits im Zusammenhang mit dem Fall Carrington in Kapitel Eins begegnet sind) in ihrem Büro, und wir unterhielten uns über einige Schriften des Psychiaters Jules Eisenbud, die vor Kurzem veröffentlicht worden waren. Darin ging es um eine seiner Probandinnen, die offensichtlich unbelichtete Filme in einer Kamera beeinflussen konnte. Mrs. Garrett sagte, das würde sie auch gern einmal versuchen. (Meines Wissens hatte sie sich bis dahin noch nie auf dem Gebiet der Psychokinese, der Beeinflussung von Materie durch den Geist, betätigt.) Ich erklärte mich bereit, ihr zu helfen, und kam am nächsten Tag zur vereinbarten Zeit wieder, begleitet von einer Frau, die als Berufsfotografin arbeitete. Sie hatte eine Kamera, bei der das Bild, nachdem man den Auslöser betätigt und den Film belichtet hat, nach ein paar Minuten an der Unterseite herauskommt und sich vor den Augen der Zuschauer entwickelt (eine Polaroid-Kamera, d. Ü.). Mrs. Garrett war mit einigen Papieren auf ihrem Schreibtisch beschäftigt und hatte das Interesse an ihrem selbst vorgeschlagenen Projekt bereits wieder völlig verloren. Ich stellte ihr die Kamera-Expertin vor und erinnerte sie an unser Gespräch. Sie sagte, sie sei zu beschäftigt, und wir sollten es bitte vergessen. Ich wandte ein, dass wir bereits großen Aufwand betrieben hätten, um das Experiment vorzubereiten. Ziemlich verärgert, antwortete sie: „Also gut, ich werde die Bilder 1, 3, 5 und 7 beeinflussen. Und jetzt habe ich zu tun."

Die Fotografin und ich verabschiedeten uns und gingen in ein ungenutztes Zimmer in dem Bürogebäude. Dort vergewisserte sie sich, dass der Deckel noch fest auf dem Objektiv saß (wir hatten ihn sogar mit Klebeband befestigt), drückte auf den Auslöser, wartete, bis das Bild aus der Kamera kam, und wiederholte das so lange, bis alle Bilder mit dem „Gesicht" nach oben auf dem Tisch lagen.

Während sie sich entwickelten, sahen wir, dass alle, bis auf vier, vollkommen schwarz waren. Auf jedem dieser vier Fotos waren vier oder fünf weiße Kreise mit einem Durchmesser von 0,3 bis 1,3 cm zu sehen.

Mit leicht erschrockenem Gesichtsausdruck drehte die Fotografin die vier Fotos um, damit wir die Zahlen auf der Rückseite lesen konnten. Sie lauteten 1, 3, 5 und 7. Dann wurde ich Zeuge von etwas, worüber ich bisher nur gelesen und was ich wirklich nur dieses eine Mal miterlebt habe. Ich kannte die Formulierung: „Die Farbe wich ihr aus dem Gesicht." Und jetzt geschah es. Als habe man unter ihrem Kinn einen Hahn geöffnet, wurde ihr Gesicht von den Augen an abwärts vollkommen weiß, bis keinerlei Farbe mehr darin war.

6

Der nächste Schritt:
Auswirkungen der neuen Wissenschaft

Es ist niemals nötig, ein exaktes und richtig beobachtetes Faktum zu
wiederholen.
Claude Bernard

Unsere Kultur ist wohl oder übel eine wissenschaftliche. Wir hören
religiösen Führern, Gurus und Politikern zu, aber diejenigen, die
unserer Auffassung nach wirklich die Wahrheit sagen, sind die
Wissenschaftler. Wenn sie uns sagen, dass das Universum mit dem
Urknall seinen Anfang nahm, dass es schwarze Löcher gibt, die
alles in ihrer Umgebung verschlingen und ständig größer werden,
dass gerade eine globale Erderwärmung stattfindet, die wir selbst
verursacht haben, dann glauben wir ihnen. Wir akzeptieren, dass
das, woran sie arbeiten und worauf sie sich einigen, Tatsache ist.

Überlegen Sie einmal, was es bedeuten würde, wenn wir wüssten,
dass die Menschen, die wir am meisten respektieren, ernsthaft an
medialen Äußerungen und in Notfällen auftretender Hellsichtigkeit
arbeiteten, wenn wir wüssten, dass staatliche Forschungszentren
sowie Rockefeller, Harvard, Stanford (und andere Elite-Universi-
täten in aller Welt, d. Ü.) Erscheinungen Verstorbener erforschten.

Innerhalb kürzester Zeit gehörte es zum Allgemeinwissen – das,

was wir meinen, wenn wir sagen „das weiß doch jeder" – dass
der Mensch mehr ist als die Sinne zeigen und wir nicht ständig in
unserer eigenen Haut stecken.

Genau wie in der Anfangszeit der Elektrizität, als Wissenschaftler uns sagten, dass es diese seltsame Kraft tatsächlich gibt, die
Flusen anzieht, wenn man einen Glasstab mit einem Wolltuch reibt,
die die Blitze macht, die einem einen Schlag versetzen und einen
sogar umbringen kann, wenn sie außer Kontrolle gerät – genau wie
damals gäbe es auch jetzt jede Menge Experimentatoren und Spe-
kulanten. Wir würden uns rasch von der Vorstellung verabschieden,
dass PSI sich nur durch übernatürliche Kräfte und Wesen oder
durch die Schiebe- und Ziehmechanik unserer Sinneswelt erklären
lässt. Und sehr bald würden wir uns auch von der Vorstellung der
Aufklärung lösen, dass alles – Lokomotiven und Schmetterlinge,
Liebe und Elektronen und die Reaktion des Menschen auf Katzen-
junge und Poltergeister – nach denselben Prinzipien abläuft. Das
fruchtlose Streben nach Einfachheit wäre vorbei. Wir würden alle
erkennen, dass unterschiedliche Teilbereiche der Wirklichkeit nach
unterschiedlichen Prinzipien funktionieren und unterschiedlichen
Gesetzen gehorchen, so wie das menschliche Bewusstsein und PSI
anderen Gesetzen gehorchen als der Körper. Schon bald würden
wir auch feststellen, dass die Nikola Teslas und Albert Einsteins
des PSI nur darauf warten, dass unsere Kultur sie schalten und
walten lässt.

Tatsächlich haben wir dies sogar bereits alles gelernt, aber weil
die entsprechenden Entdeckungen mit Teilbereichen der Wirklichkeit zu tun hatten, die uns weder persönlich noch emotional viel
bedeutet haben, hielten wir sie für nicht weiter wichtig. Wir haben
erfahren – und auch intellektuell akzeptiert – dass es Ursache und
Wirkung in der Welt der Sinne, nicht aber im Mikrokosmos, in

der Quantenwelt gibt. Wir haben erfahren, dass sich Parallelen in der Welt unserer Sinne nie berühren, wohl aber im Makrokosmos, in der Welt der Relativität, und man in diesem Teilbereich der Wirklichkeit umso größer wird, je schneller man läuft, Wobei unsere Armbanduhr immer langsamer geht. Aber diese Tatsachen haben uns nicht weiter berührt. Sie stellen keine Bedrohung unserer alltäglichen Sinneswelt dar. Die Mauern unseres Lebens stürzen deshalb nicht ein. Ich kann genauso weitermachen wie zuvor, auch wenn ich erfahren habe, dass der scheinbar solide Schreibtisch, auf den ich mich stütze, nur ein leerer Raum ist, in dem Bereiche von Masse, elektrischer Ladung und Geschwindigkeit umherrasen – dass er also, um es mit Werner Heisenbergs Worten auszudrücken, aus „leerem Raum, der von Singularitäten heimgesucht wird", besteht.

Aber wir fürchten uns vor PSI. Wir schieben es beiseite. Seit hundert Jahren wissen wir, dass die meisten Menschen, die komplexe PSI-Erlebnisse hatten, diese entweder mit den Jahren vergessen oder ihnen alle Gefühle, jegliche emotionale Verbindung entziehen, bis die Erinnerung daran nur noch schwarz-weiß ist statt lebendig und bunt, wie kurz nach dem Geschehen. Wir weigern uns entschlossen, das Erlebnis an uns heran, uns davon berühren zu lassen.

Meine Schwiegermutter hatte eine Lieblingsfarbe, die sie auch sehr häufig trug. Die Enkelkinder, die sie „Grandjean" nannten, bezeichneten diese Farbe als „Grandjean-Blau". Etwa ein halbes Jahr nach dem Tod ihrer Mutter standen meine Frau Eda und ich in unserem (winzigen) Garten in Cape Cod und schauten dem Sonnenuntergang zu. Eda war sehr traurig und sprach davon, wie sehr ihr ihre Mutter fehle und wie sehr sie sich wünsche, es gäbe irgendein Zeichen, dass es nach dem Tod noch etwas gibt, dass ihre Mutter noch irgendwie existiert. Ich nahm sie in die Arme, und wir standen einfach da, bis die Sonne untergegangen war. Wir verspürten einen tiefen Verlust.

Am nächsten Morgen ging ich früh nach draußen, in der Hand eine Tasse Kaffee. Was ich da sah, trieb mich sofort wieder zur Tür, um Eda zu rufen, sie solle herkommen. Dort im Garten standen sieben voll ausgereifte, blühende Pflanzen einer Art, die wir in Cape Cod noch nie gesehen hatten. Es waren Bärentrauben mit „Grandjean-blauen" Blüten!

Wir waren beide verblüfft und tief bewegt, „voller wilder Vermutungen". Als ich Eda jedoch drei Wochen später fragte, ob dieses Erlebnis ihr Glaubenssystem nun verändert habe, antwortete sie: „Nein, das habe es nicht."

Wir lehnen PSI ab und lassen nicht zu, dass es zu unserem Leben dazugehört. Wir vergessen unsere eigenen PSI-Erlebnisse und/oder die damit verbundenen Gefühle. Sie gehören nicht zu unserer kollektiven Sicht der Welt (die Einstein einmal als „jene Sammlung von Vorurteilen, die man sich im Alter von achtzehn Jahren angeeignet hat" definierte). In unserem kulturell akzeptierten Weltbild sind sie unmöglich und führen daher zu einer gewissen kognitiven Dissonanz, zu einem Widerspruch in unserer Wahrnehmung dessen, was geschieht. Ganz automatisch neigen wir dazu, diesen Konflikt abzulehnen. Er ist uns unangenehm. Wenn wir diese Erlebnisse nicht abspalten können, indem wir sie als „Seifenblasen des Rätselhaften, die in einem ansonsten normalen Universum umherschweben", betrachten und so ihre Bedeutung missachten, neigen wir dazu, sie oder unsere emotionale Reaktion darauf zu vergessen. Im letzteren Fall gibt es bei vielen Menschen eine deutliche Tendenz, ihre Existenz zu leugnen.

Jeder, der einen Bericht zur Widerlegung eines PSI-Ereignisses veröffentlicht, kann sich auf weite Verbreitung und Akzeptanz verlassen. Jeder, der einen bestätigenden Bericht über ein eindeutiges PSI-Ereignis veröffentlicht (oder zu veröffentlichen versucht), kann sich auf das Gegenteil gefasst machen.

Es herrscht die verbreitete Vorstellung, wonach, wenn es einem Illusionisten auf der Bühne möglich ist, einen bestimmten Typus eines scheinbaren PSI-Phänomens zustandezubringen, dann auch alle anderen Fälle dieser Art durch Täuschung zustande gekommen sein müssen. Dieses Argument gegen die Existenz von PSI wird häufig angeführt, selbst wenn zu dem Zeitpunkt, als das Ereignis geschah, gar keine Illusionisten in der Nähe waren. Aus logischer Sicht könnte man ebenso gut behaupten, dass es, bloß deshalb, weil gefälschte Zehn-Dollar-Scheine im Umlauf sind, keine echten Zehn-Dollar-Scheine gibt.

Die Auswertung der gesamten Daten auf diesem Gebiet wird auch dadurch erschwert, dass negative Ergebnisse oft nicht veröffentlicht werden. Das gilt allerdings auch für positive Ergebnisse. Die Ergebnisse der Stoffwechsel-Tests bei Mrs. Garrett, wenn sie sich im „Normalzustand" befand und wenn sie als einer ihrer Kontrollgeister sprach, wiesen so deutliche Unterschiede auf, dass sie nie veröffentlicht wurden und der Leiter des Experiments sich weigerte, die Rohdaten herauszugeben.[52]

Vor einigen Jahren richtete ich im Rahmen meiner Erforschung der Geistheilung zusammen mit einem Chemie-Professor an der Universität Columbia eine Studie ein. Die Frage war, ob ich aus der Ferne die Messungen, die an Lösungen verschiedener Salze in Wasser vorgenommen wurden, beeinflussen konnte. Ich ging nur ein einziges Mal in das Labor, wo die Apparate aufgestellt werden sollten, und zwar vor Beginn der eigentlichen Studie, und betrat

---

[52] Angoff, Allan, *Eileen Garrett and the World Beyond the Senses*, William Morrow 1974.

dann das Gebäude nie wieder. Aus meinem Büro in mehreren hundert Metern Entfernung versuchte ich eine Woche lang, jeden Tag um eine bestimmte Uhrzeit, die Lösungen zu „heilen". Davor und danach wurden Messungen vorgenommen. Nach Ablauf der Woche sagte mir der Professor, die Ergebnisse seien eindeutig signifikant. Würden sie jedoch veröffentlicht, wäre damit seine Karriere für immer ruiniert. Er brach das Experiment ab und weigerte sich, mir die Daten auszuhändigen. Die Biochemikerin Justa Smith berichtet von einer nahezu identischen Erfahrung.[53]

Dennoch sind die Beispiele, die in diesem Buch vorgestellt werden (und die Tausende mehr in den PSI-Fachzeitschriften), echt. Wenn man wissenschaftlich arbeiten will, gibt es Vieles, was man wissen muss. Dazu gehört auch, dass man echte Daten nicht ignorieren darf, so unangenehm sie einem auch sein mögen, dass die Theorie sich den Tatsachen beugen muss und eine weiße Krähe beweist, dass nicht alle Krähen schwarz sind. (Und in den veröffentlichten PSI-Daten haben wir ganze Schwärme weißer Krähen!)

Wir lehnen die bedeutungsvolle Existenz von PSI ab und lassen, passend zum Weltbild unserer Gesellschaft, nicht zu, dass es zu einem Bestandteil unseres Lebens wird.

Doch in unserer Kultur verändern wir uns, wir folgen der Wissenschaft fast oder sogar gänzlich ohne Angst, unabhängig davon, welcher Art die Veränderungen sind. In den letzten fünfzig Jahren haben wir uns von einer Gesellschaft, in der die Kommunikation mit anderen über Entfernungen hinweg schwierig war und sorgfältige Planungen erforderte, zur modernen Handy-Gesellschaft entwickelt, in der man nur in die Tasche fassen muss und schon

---

53 LeShan, Lawrence und Twitchell, Arthur (Hrsg.), *The Mallorca Conference on Human Priorities*, Monographie, American Society for Psychical Research, 2008

mit beinahe jedem sprechen kann. Wir haben uns aus einer prä-
freudianischen Zeit, in der die Existenz unbewusster Elemente im
menschlichen Geist unbekannt war, in die post-freudianische Zeit
begeben. Wir sind aus einer Zeit, in der das Auffinden von Informationen ein schwieriges Problem war, in eine Zeit gelangt, in der
wir eher das Problem haben, nicht von Informationen erschlagen zu
werden. Wir haben Atomwaffen und die Erderwärmung akzeptiert,
all das und vieles andere mit einem Grundgefühl der Stabilität und
Sicherheit – zumindest im Hinblick auf das, was „die Wirklichkeit"
und den „gesunden Menschenverstand" ausmacht – weil wir der
Schulwissenschaft folgen und mit ihr im Einklang sind.

In ihrem Buch *Extraordinary Knowing* zeigt Elizabeth Mayer,
dass in unserer Zeit die Gelegenheit günstig ist, die Schulwissenschaft auf das Gebiet der medialen Forschung zu leiten. Detail-
liert schildert sie Vorfall um Vorfall, in dem ihre Kollegen aus
Psychiatrie und Psychoanalyse von PSI-Ereignissen berichten,
die sie persönlich erlebt haben. Sie sprachen mit ihr, weil es ihr
gelungen war, sie davon zu überzeugen, dass sie dies gefahrlos
tun konnten. Aufgrund der sehr berechtigen Angst, ihre Karriere
zu ruinieren, hatten sie anderen Kollegen nichts davon erzählt
und auch die Daten nicht veröffentlicht. In den Wissenschaften
wird PSI offiziell und nach außen hin für unmöglich erklärt,
während zugleich ein großer Prozentsatz von Wissenschaftlern
daran glaubt. Bei einer Umfrage unter mehr als 1100 College-
Professoren in den USA sagten 55% der Naturwissenschaftler,
66% der Sozialwissenschaftler (außer Psychologen) und 77% der
Akademiker in den Geistes- und Erziehungswissenschaften, sie
glaubten, PSI sei entweder erwiesene Tatsache oder eine plausible
Wahrscheinlichkeit. Seltsamerweise lautet die Vergleichszahl für
Psychologen 34%; und derselbe Prozentsatz, 34%, hielt PSI für

eine absolute Unmöglichkeit, eine Ansicht, die nur 2% der anderen Antwortenden vertraten.[54]

In dieser Hinsicht muss man verblüfft erkennen, wie wenig sich unsere Gesellschaft im Laufe der letzten gut hundert Jahre verändert hat. 1926 schrieb der Psychologe William McDougall: „In dieser hochgebildeten, skeptischen und wissenschaftlich denkenden Klasse, den Medizinern, kann man wohl zutreffend behaupten, dass etwa einer von dreien glaubt, direkt Kenntnis davon [PSI] zu haben. Dennoch wird seine Existenz von den Standesorganisationen nachdrücklich und streng geleugnet."[55]

Im selben Jahr schrieb der Psychiater Walter Franklin Prince:

„Mir ist Folgendes aufgefallen: Wenn eine kleine Gruppe intelligenter Männer, von denen nicht anzunehmen ist, dass sie sich von medialer Forschung beeindrucken lassen, zusammenkommt, solche Dinge erwähnt werden und alle das Gefühl haben, dass sie sich in vernünftiger und vertrauenswürdiger Gesellschaft befinden, dann beginnt etwa die Hälfte, von Ausnahmen zu berichten. Will heißen, Mann um Mann öffnet ein kleines Geheimfach ungeklärter Dinge und kramt einen Vorfall daraus hervor, der ihm selbst, einem Familienangehörigen oder einem vertrauenswürdigen Freund passiert ist und den er seltsam und äußerst verblüffend findet. Ich habe darüber einmal in Gegenwart von sechs Männern, die jeweils in ihrem Beruf eine hohe Position innehatten, eine Bemerkung fallen lassen. Kaum hatte ich ausgesprochen, da erzählte ein weltbekannter Physiker von etwas, was ihm als junger Mann passiert war – er hörte die Stimme seines

---

54 Mayer, Elizabeth L., *Extraordinary Knowing*, Bantam 2007.
55 McDougall, William, „Psychical Research in a University Setting". In Murchison, Carl (Hrsg.), *The Case for and Against Psychical Belief*, Clark University Press 1927.

Vaters, die seinen Namen sprach, und zwar, wie sich später herausstellte, genau zur selben Stunde, in der sein Vater Hunderte von
Meilen weit entfernt starb. Er endete mit den Worten: „Das habe ich
nie verstehen können." Der Physiker würde mir wohl nie verzeihen,
wenn ich seinen Namen preisgäbe. Zu meiner ebenso großen Überraschung berichtete dann ein sehr bekannter Arzt, dessen Namen
in Fachkreisen landesweit ein Begriff ist, von Telepathie-ähnlichen
Vorkommnissen in seiner Familie. Ein angesehener Verleger und ein
bekannter Jurist folgten postwendend."[56]

In unserer Zeit ist die Gelegenheit außerordentlich günstig, die
Schulwissenschaft auf das Gebiet der medialen Forschung zu leiten. Dass dies auch tatsächlich geschieht, ist nun Aufgabe derjenigen, die bereits auf diesem Gebiet tätig sind.

Mediale Forscher und Parapsychologen werden darauf erwidern:
„Das ist ja alles gut und schön, und Sie haben wahrscheinlich recht.
Aber wie überzeugt man die Schulwissenschaft, sich mit diesem
Gebiet zu befassen? Wir versuchen das immerhin schon seit über
hundert Jahren, mit sehr geringem Erfolg. Glauben Sie wirklich,
dass Sie nun plötzlich die Lösung des Problems haben, mit dem
wir uns schon so lange und intensiv herumschlagen?" Nein, ich
habe auch keine Lösung, aber sie liegt unmittelbar vor uns. Wir
PSI-Forscher müssen anfangen, uns wie Wissenschaftler zu verhalten und das zu tun, was Wissenschaftler tun, nicht, was sie zu
tun behaupten (und oft tatsächlich zu tun glauben). Im Folgenden
einige Vorschläge:

1.   Lösen Sie sich von der Vorstellung, in der Wissenschaft gin-
      ge es ausschließlich um kontrollierte Experimente im Labor.

---

56 Zitiert in Murchison, *Psychical Belief*.

Geologie, Astronomie, Anthropologie und Ethologie haben diese Überzeugung aufgegeben, und stehen damit allem Anschein nach ganz gut da. Wissenschaft ist keine Frage von Statistiken und Kontrollgruppen. Diese sind manchmal relevant und manchmal auch nicht. Wissenschaft ist der ungewöhnlich hartnäckige Versuch, klar über ein Thema nachzudenken und es mit der relevanten Methodik zu erforschen.

2. Lösen Sie sich von der Vorstellung der Aufklärung, das ganze Universum sei rational, die Welt habe nur einen einzigen Sinn und alles funktioniere nach denselben Prinzipien. Diese Idee hat sich viel tiefer in unsere Kultur eingegraben, als uns gemeinhin bewusst ist. Niemand widersprach sonderlich nachdrücklich, als Hegel schrieb: „Was wirklich ist, das ist vernünftig, und was vernünftig ist, das ist wirklich." Wir müssen die Vorstellung überwinden, wir wüssten im Grunde, wie die Dinge funktionieren, und deshalb könne es für uns keine erstaunlichen Überraschungen mehr geben. Wir müssen dieses Konzept aufgeben, genau wie Max Planck, als er sich mit dem Quanten-Teilbereich der Wirklichkeit befasste, und wie Albert Einstein bei seiner Beschäftigung mit dem Makrokosmos. Beide erzielten Fortschritte, weil sie sich überraschen ließen.

3. Geben Sie alle Versuche auf, die Existenz von PSI zu beweisen, und untersuchen Sie stattdessen seine Eigenschaften. Wer den bereits veröffentlichen Beweisen nicht glaubt, der wird auch neuen keinen Glauben schenken. Sie müssen einen anderen Weg einschlagen. In seinen *Weissagungen der Unschuld* schreibt William Blake:

Wer bezweifelt, was er sieht,
Glaubt euch nie, trotz aller Müh.[57]

4. Geben Sie den Versuch auf, PSI zu definieren, und untersuchen Sie stattdessen seine Beziehungen zu anderen Observablen. Auch wenn wir nicht exakt sagen können, was die Schwerkraft ist, so können wir doch ihre Beziehung zu Massen und Entfernungen untersuchen. Eine Lieblingsgeschichte von Henry Margenau handelte von dem Professor, der einen Studenten fragte: „Was ist Elektrizität?" Der Student erwiderte: „Das hab ich vergessen." Darauf der Professor: „Oh, mein Gott, der einzige Mensch auf der Welt, der es wusste, und er hat's vergessen!"

5. Hören Sie auf, vor Ihren wichtigsten Daten davonzulaufen, und konzentrieren Sie sich stattdessen auf deren wissenschaftliche Untersuchung. Alles kann wissenschaftlich untersucht werden, wenn wir uns klar machen, dass der weiße Kittel, das Labor, kontrollierte Experimente und Statistiken schlicht und einfach Werkzeuge sind, die zur Erforschung bestimmter Bereiche der Wirklichkeit angemessen sind und zur Erforschung anderer nicht. (Ich wiederhole mich in diesen Punkt, weil so viele Wissenschaftler das kontrollierte Experiment als heilige Ikone betrachten, die nicht in Frage gestellt werden darf. Ich habe einmal in einer wissenschaftlichen Fachzeitschrift geschrieben, dass die experimentelle Methode ihre Grenzen hat. Die Briefe, die der Herausgeber und ich daraufhin erhielten, hätten kaum größere Schmähungen enthalten können, hätte ich geschrieben, dass die Mütter ihrer Verfasser sich in

---

57 Blake, William., *Zwischen Feuer und Feuer*, Poetische Werke, zweisprachige Ausgabe, dtv 1996

Stundenhotels anböten und ihre Schwestern darauf Ra-
battmärkchen ausgäben.)

6. PSI-Forscher müssen aufhören, mit betretenem Gesicht
und Minderwertigkeitsgefühlen herumzulaufen, weil sie
noch kein „wiederholbares Experiment" vorzuweisen haben, zumindest nicht bei komplexen, bedürfnisbedingten
Ereignissen. Der Begriff „wiederholbares Experiment" hat
einen noblen Klang, und Wissenschaftler werfen damit gern
um sich, als sprächen sie vom Heiligen Gral. Es gibt jedoch
wissenschaftliche Gebiete, für die das schlichtweg nicht gilt,
und die PSI-Forschung an komplexen, bedürfnisbedingten
Ereignissen gehört dazu. Ein wiederholbares Experiment
auf diesem Gebiet ist eine PSI produzierende Maschine, und
eine solche Maschine wird es zu keinem wichtigen Aspekt
des menschlichen Bewusstseins je geben. Weder wird es je
eine Liebe oder Kreativität produzierende Maschine geben
noch wird sich Liebe je beliebig im Labor erzeugen lassen.
Gerade wie man auch in der Astronomie, Geschichte oder
Ozeanographie nie ein wiederholbares Experiment wird
durchführen können, ist das auf dem Gebiet des PSI ebenfalls unmöglich.[58] Warum? Weil die Grundidee des kontrol-
lierten Experiments darin besteht, eine Sache zu variieren
und alles andere stabil zu erhalten. Außer der Variablen, die
verändert wird, bleibt alles andere gleich (ceteris paribus –
das übrige gleichbleibend). Das Bewusstsein ist jedoch nie
zweimal dasselbe. William James schrieb, die Vorstellung,
im Bewusstsein könne zu zwei unterschiedlichen Augenbli-
cken dieselbe Situation herrschen, sei „so mythisch wie der

---

58 Stevens, William Oliver, *Psychics and Common Sense*, Dutton 1955.

Pik Bube".[59] Was wir auch immer über PSI noch herausfinden werden, es geht dabei immer ums Bewusstsein.

7. Parapsychologische Forscher, die sich mit den großen, bedeutungsvollen Fällen befassen, sollten sich durch das Wort anekdotisch nicht vom Kurs abbringen lassen. Denn in der Praxis heißt das inzwischen: „Mir missfällt die Vorstellung, dass es dieses Ereignis tatsächlich gegeben haben könnte. Sie beunruhigt mich. Also vergessen wir es und behaupten, es sei nicht wissenschaftlich und statistisch nicht erfassbar." Dennoch ist ein Ereignis geschehen oder eben nicht, daran ändert die Statistik nichts. Passt das Ereignis dem Betreffenden ins Konzept, so bezeichnet er es als „Fallvorstellung" und spricht gelegentlich bestätigend darüber. Tut es das nicht, verwirft er es als „anekdotisch". Ein Datum – wie zum Beispiel ein komplexes PSI-Ereignis der Art, von der ich in diesem Buch immer wieder spreche – ist entweder eingetreten oder nicht eingetreten. Das Etikett, das ihm verliehen wird, ändert an dieser Tatsache nichts. Ist das Ereignis von der Art, die nach Ihrer Theorie dessen, wie die Wirklichkeit ist und funktioniert, unmöglich ist, dann ist es eine „weiße Krähe", was, wie William James beobachtet hat, beweist, dass nicht alle Krähen schwarz sind. In diesem Fall haben Sie grundsätzlich zwei Möglichkeiten. Sie können an Ihrer Theorie der Wirklichkeit festhalten und erklären, dass das Ereignis nicht eingetreten ist, weil es gar nicht eintreten kann. In diesem Fall hat sich das Faktum Ihrer Theorie

---

59 Diesen Vergleich zieht James vermutlich deshalb, weil der Pik-Bube im Kartenspiel auf den dänischen Sagenhelden Holger Danske zurückgeht, der im Schloss von Kronborg tief im Berg schlafen soll, bis er in der Stunde größter Gefahr erwachen und Dänemark in die Freiheit führen wird. (Anm. d. Ü.)

gebeugt, und Ihr magisches Denken sowie Ihre deduktive
Logik lassen Sie ruhig schlafen. Oder Sie können sagen,
dass Ihre Theorie, wie die Wirklichkeit funktioniert, ungültig oder in ihrem Geltungsbereich begrenzt ist und im
Hinblick darauf revidiert werden muss, dass das Ereignis
eingetreten ist. Das ist wissenschaftliches Denken. Im ersten
Fall sagen Sie damit, dass Sie so viel über die Wirklichkeit
wissen, dass sie Sie nicht mehr überraschen kann und alle
neuen Tatsachen, wenn sie denn überhaupt welche sind, von
derselben Kategorie sind wie die, die Sie bereits kennen.

Augustinus beobachtete: „Es gibt keine Wunder, die gegen
die Naturgesetze verstoßen. Es gibt nur Ereignisse, die gegen
unsere begrenzte Kenntnis der Naturgesetze verstoßen." Daran sollten mediale Forscher denken, wenn man ihnen sagt,
PSI-Ereignisse seien unmöglich und kämen deshalb nicht
vor. Wie David Hume verwechseln solche Leute ihre Theorie der Wirklichkeit mit einer Tatsache. In der Wissenschaft
müssen wir uns aber darüber klar sein, was die Theorie ist
und was die Tatsache, die dagegen verstößt. In der Wissenschaft muss sich die Theorie immer den Tatsachen beugen.

8.   PSI-Forscher müssen aufhören, sich im Vergleich zu Forschern auf anderen Gebieten als minderwertig zu betrachten.
Unsere Forschungsstandards sind – unter dem großen Druck
und der Ablehnung, die man uns lange entgegengebracht
hat – ebenso hoch und oft sogar noch höher als die der „har-
ten" Wissenschaften wie Physik oder Chemie. Unsere Daten
sind so wasserdicht wie ihre, und wenn Schulwissenschaftler
diese Tatsache nicht anerkennen, dann müssen wir deutlich machen, dass das an deren Ignoranz liegt und nicht an
der Unzulänglichkeit unserer Daten oder Methodik. Wenn

wir von Menschen abgelehnt werden, die ihre Theorien der Wirklichkeit mit Tatsachen verwechselt haben (und daher wissen, dass PSI nicht echt sein kann, weil es ihren „Tatsachen" widerspricht), dann dürfen wir auf keinen Fall in Apologien verfallen.

Der berühmte Physiker William Barrett hielt einmal vor einer Gruppe von Wissenschaftler-Kollegen einen Vortrag über mediale Forschung. Danach sagte ein Kollege: „Ein sehr interessanter Vortrag, Barrett, aber wissen Sie, das ist alles dummes Zeug." Darauf erwiderte Barrett: „Sie sind ein wissenschaftlich denkender Mensch, wenn Sie sich so viele Wochen wie ich Jahre mit der Erforschung dieses Themas befasst haben, dann werde ich Ihre Meinung zu schätzen wissen."[60]

Wie der britische Philosoph C. D. Broad beobachtete, weiß die große Mehrheit derjenigen, die das Gebiet als nicht existent ablehnen, nichts über die umfassenden Daten, die wir im Laufe der letzten mehr als hundert Jahre gesammelt haben, vertreten dabei aber die Auffassung, sie wüssten so viel über die Wirklichkeit, dass sie ihnen keine Überraschungen mehr zu bieten habe:

„Jeder, der zum heutigen Zeitpunkt zu augenscheinlich paranormalen Phänomenen einer festen Überzeugung Ausdruck gibt, sei sie nun positiv oder negativ, ohne sich eingehend mit den wichtigsten Methoden und Ergebnissen der sorgfältigen, langen und anhaltenden Arbeit [der medialen Forschung] vertraut gemacht zu haben, ist ohne weiteren Aufhebens als eingebildeter Ignorant abzuweisen."[61]

---

60 Zitiert in Stevens, *Psychics and Common Sense*.

61 Broad, C. D., *Lectures in Psychical Research*, Routledge and Kegan Paul, 1962.

Kurzum, am besten erreichen wir, dass die PSI-Forschung in unserer Kultur auf breiter Ebene anerkannt wird, wenn wir zunächst die Schulwissenschaften dazu bringen können, sie anzuerkennen. Und die Schulwissenschaften werden sie dann am ehesten anerkennen, wenn sich die PSI-Forscher wie echte Wissenschaftler verhalten und nicht wie deren arme Verwandte.

Fallgeschichte
„DER VERSCHWUNDENE MANN"
Ein psychometrisches Experiment
mit Eileen J. Garrett[62]
Lawrence LeShan

Am Morgen des 24. Februar 1966 bezog der Arzt Dr. B. sein Zimmer in einem Hotel in einer Stadt im Mittleren Westen der USA, um an einer mehrtägigen Fachkonferenz teilzunehmen. Um 17 Uhr desselben Tages verließ er das Hotel und verschwand. Seine Frau machte sich große Sorgen, als sie nichts von ihm hörte und von dem Hotel erfuhr, er habe keine Adresse hinterlassen. Die Polizei konnte außer dem Rezeptionisten des Hotels niemanden ausfindig machen, der Dr. B. hatte fortgehen sehen. …

Damals arbeitete ich bereits seit zwei Jahren als Forscher mit Eileen J. Garrett zusammen, wahrscheinlich die begabteste und erfahrenste Sensitive, die heute tätig ist. Mrs. Garrett, die von J. Hewat McKenzie am *British College of Psychic Science* ausgebildet worden war, nahm schon seit vielen Jahren an experimentellen Forschungen teil, und ihre Seriosität sowie ihre Fähigkeiten werden in einer Vielzahl von Veröffentlichungen aus über vierzig Jahren bestätigt.

---

62 Dieser Artikel von mir erschien zuerst im *Journal of the American Society for Psychical Research* 62, Nr. 1, Januar 1968. Für diese Arbeit erhielt ich ein Stipendium von Frederick Ayer II. (Lawrence LeShan)

Meine Frau war als Kind mit Mrs. B. befreundet gewesen, hatte aber seit vielen Jahren nicht mehr mit ihr korrespondiert und sie auch nicht gesehen sowie Dr. B. nie kennengelernt. (Ich war beiden noch nie begegnet und bin das bis zum heutigen Tage nicht.) Als meine Frau Anfang März 1968 zu Besuch in der weit entfernten Stadt war, in der die B.s wohnten, rief sie sie an und erfuhr bei dieser Gelegenheit vom Verschwinden von Dr. B. Sie besuchte Mrs. B. in ihrem Haus, sprach mit ihr und schlug vor, dass Mrs. Garrett vielleicht helfen könne. Nach ihrer Rückkehr berichtete meine Frau mir von Dr. B.s Verschwinden, von seinem Beruf, vom Kummer seiner Frau und von ihrem Vorschlag in Bezug auf Mrs. Garrett.

Am 18. März erhielt ich einen Umschlag von Mrs. B. Er enthielt ein fünf Quadratzentimeter großes Stück Stoff aus einem Hemd, das Dr. B. am Tag vor seiner Abreise zu der Fachkonferenz getragen hatte. Um 10 Uhr rief ich Mrs. Garrett an und fragte, ob sie an jenem Tag ein paar Minuten erübrigen könnte, denn ich hätte ein Problem, das ihre Hilfe erfordere. Wir verabredeten uns auf 14 Uhr, und ich nahm mir vor, sie zu bitten, das Stoffstück im Wachzustand psychometrisch auszulesen. Als ich jedoch bei der Parapsychology Foundation ankam, wies mich Mrs. Garrett an, das Tonband für die Aufzeichnung einer Trance-Sitzung vorzubereiten. In diesem Punkt ließ sie nicht mit sich reden. Mrs. Garrett, Betha Pontorno (ihre Assistentin) und ich begaben uns in den Raum, der für solche Sitzungen genutzt wurde, und schalteten das Tonband ein. (Hier ist zu betonen, dass alles, was Mrs. Garrett zu diesem Zeitpunkt über die Sache wusste – zumindest, was sie über die normalen Kanäle hätte erfahren können – aus meinen beiden Sätzen am Telefon bestand: „Ich habe ein Problem, das Ihre Hilfe erfordert. Könnten Sie heute ein paar Minuten dafür erübrigen?" Davon abgesehen, habe ich weder mit ihr noch mit irgendjemand anderem, der sich möglicherweise mit ihr hätte in Verbindung setzen können, über die Sache gesprochen.)

Es wurde eine Trance-Sitzung abgehalten und sowohl auf Tonband aufgezeichnet als auch von Mrs. Pontorno in Kurzschrift mitgeschrieben. Nachdem wir von Mrs. Garretts Kontrollgeist[63] Uvani begrüßt worden waren und ihn begrüßt hatten, sagte ich: „Ein Mann ist verschwunden. Seine Frau ist sehr besorgt und hätte gerne Hinweise auf seinen Aufenthaltsort." Uvani fragte, ob ich etwas hätte, was diesem Mann gehöre, und ich gab Mrs. Garrett das Stück Stoff aus Dr. B.s Hemd. Uvani sprach einige Zeit über den Mann, sagte dann, das Stoffstück: „… hat nicht sehr viel – nur seine Angst" und bat um einen Gegenstand, wie zum Beispiel eine Pfeife, den er normalerweise mit sich herumtrage. An dieser Stelle endete die Sitzung. (Trotz Uvanis Feststellung, das Stück Stoff habe „nicht sehr viel", wird aus der Tabelle weiter unten ersichtlich, dass dennoch recht viele wahrheitsgetreue Informationen daraus gewonnen werden konnten.)

Teils weil Mrs. Garrett aus Gründen der Forschungsmethodik im Wachzustand nicht gerne über Dinge spricht, die sich in einer Trance gezeigt haben, und teils weil wir über eine zweite Sitzung mit ihr nachdachten, sagten wir ihr nach dieser ersten nur, sie sei „gut und hilfreich" verlaufen, und wir planten eine weitere. (Nach der zweiten und letzten Sitzung wurde sie laufend über neue Entwicklungen informiert, sobald sie bekannt wurden, zum Beispiel auch über Herrn B.s Rückkehr.)

Am Abend des 18. März, nach der ersten Sitzung, rief ich Mrs. B. an und bat um einen Gegenstand, den ihr Mann oft bei sich getragen hatte. Sie schickte mir eine verschlossene Schachtel, die ich wiederum – ohne den Inhalt zu kennen – in zwei dicke Mappen

---

63 Mehr über das Wesen eines „Kontrollgeistes" erfahren Sie im Anhang.

packte, damit nicht etwa aus der Absenderangabe irgendwelche Hinweise zu entnehmen wären. (Als ihr das Päckchen später wieder ungeöffnet zurückgeschickt wurde, sagte Mrs. B., es habe einen Lieblingsfüller ihres Mannes enthalten.) Am 28. März, um 10.50 Uhr, wurde in der Parapsychology Foundation eine zweite Sitzung mit Mrs. Garrett abgehalten. Sie sprach vierzig Minuten lang über das Päckchen und las es im Wachzustand psychometrisch aus. Ihrer Aussagen wurden erneut auf Tonband und in Kurzschrift aufgezeichnet.

Am selben Tag (28. März) um 13 Uhr (selbe Zeitzone wie die Parapsychology Foundation) erhielt Mrs. B. einen Brief von ihrem Mann aus La Jolla, in dem er sagte, er sei krank gewesen und werde in Kürze nach Hause zurückkehren. Das war das erste Mal, dass sie – und die Polizei – einen Hinweis darauf erhielten, wo er gewesen war, wenngleich Mrs. Garrett am 18. März gesagt hatte, er sei Richtung Kalifornien gegangen und am 28. März, noch vor 12 Uhr, feststellte, er sei in La Jolla. ... [siehe Aussage Nr. 92]

Nach der zweiten Sitzung konnten den Aufzeichnungen hundert Aussagen entnommen werden, die so konkret waren, dass sie exakt auf „richtig" oder „falsch" überprüft werden konnten. Die Aussagen wurden nummeriert und in einer gesonderten Liste abgetippt. Als Dr. B. am 8. April nach Hause kam, wurde ihm diese Liste geschickt, und er wurde gebeten, jede Aussage schriftlich zu kommentieren. Erst am 25. Mai schickte er das Material zurück. Leider hatte er inzwischen begonnen, zu „vertuschen" und den gesamten Vorfall rund um sein Verschwinden zu verdrängen. Dieser Prozess wird in einigen seiner Anmerkungen deutlich ..., die recht weit von der Wahrheit entfernt sind.

Weil der Fall für die Veröffentlichung etwas verschleiert werden muss, können die Abschriften der beiden Sitzungen mit den

Anmerkungen von Dr. B. hier nicht vollständig wiedergegeben werden.[64] Bestimmte Aussagen von Mrs. Garrett treten jedoch besonders hervor, weil sie klar darauf hindeuten, dass sie ihre Informationen auf paranormalem Wege gewonnen hat. Diese werden in der folgenden Tabelle aufgeführt, damit unmittelbar ersichtlich wird, aus welchen Gründen dieser Fall als beweiskräftig gelten kann. ...

Ausgewählte Aussagen aus den Abschriften des Jahres 1966

Datum	Aussagen von Mrs. Garrett	Anmerkungen von Lawrence LeShan[*]
Nr. 13 18. März	Ich glaube, (bevor er wegging) hat er viel darüber gesprochen, dass er nach Mexiko wollte – ist das so?	Zum damaligen Zeitpunkt war diese Information weder Mrs. B. noch der Polizei noch mir bekannt. Nach seiner Rückkehr (am 8. April 1966) fand Mrs. B. jedoch in seinem Koffer einen recht umfangreichen Schriftwechsel, in dem er seine Reise nach Mexiko besprach und plante. Die Korrespondenz ging seinem Verschwinden voraus und begann sechs Monate davor. (Telefonische Information von Mrs. B. vom 10. April.)
Nr. 16 18. März	Ich bin sicher, er hat daran gedacht, nach Kalifornien und dann weiter nach Mexiko zu gehen.	Aus der unter Nr. 13 beschriebenen Korrespondenz geht hervor, dass er plante, zunächst nach Kalifornien und dann nach Mexiko zu gehen. (Zu jener Zeit weder Mrs. B. noch der Polizei noch mir bekannt. Telefonische Information von Mrs. B. vom 10. April.)

---

64 Das weggelassene Material besteht aus allgemeinen Aussagen, Persönlichkeitsbeschreibungen sowie einigen konkreten Aussagen, die den betroffenen Personen möglicherweise schaden könnten. Die vollständigen Aufzeichnungen mit allen Anmerkungen befinden sich im Archiv der Parapsychology Foundation und stehen qualifizierten Forschern zur Verfügung.
* Nach Briefen und Notizen bei Telefongesprächen mit Mrs. B.

Nr. 25 18. März	Sein Weggehen erfolgte nicht ohne vorherige Überlegungen seinerseits.	Wie die unter Nr. 13 beschriebene Korrespondenz zeigt, hatte er dies seit mindestens sechs Monaten geplant. Ebenfalls sechs Monate davor hatte er (ohne Wissen seiner Frau) ein spezielles Bankkonto eröffnet und kurz vor seinem Verschwinden alles Geld abgehoben und in Reiseschecks getauscht. (War mir zum damaligen Zeitpunkt bekannt. Mrs. B. war am 1. März von der Bank informiert worden und hatte am 3. März meiner Frau davon erzählt.)
Nr. 25 28. März	Ich erhalte den Eindruck von einer Person etwa Mitte 40.	Dr. B. war 42 Jahre alt. (Mir zum damaligen Zeitpunkt nicht bekannt. Bei näherem Nachdenken hätte ich sein Alter jedoch wahrscheinlich auf etwa Mitte 40 geschätzt.)
Nr. 57 28. März	Ein Mann, der in seiner Kindheit als Wunderkind galt.	Am 3. März erzählte Mrs. B. meiner Frau, dass er in seiner Kindheit als Wunderkind galt. (Diese Tatsache war mir an jenem Tag bekannt.)
Nr. 59 28. März	Irgendwann zwischen seinem 13. und 15. Lebensjahr gab es einen Verlust in der Familie. Ich glaube, es war sein Vater.	Als er 14 Jahre alt war, verließ sein Vater die Familie und ließ 25 Jahre lang nichts von sich hören. (Zum Zeitpunkt der Sitzung war das weder meiner Frau noch mir bekannt. Am Abend des 28. März fragte meine Frau Mrs. B. während eines Telefonats, ob es „einen Verlust in der Familie" gegeben hätte, als Dr. B. zwischen 13 und 15 Jahre alt war. Dabei erhielt sie diese Information.)
Nr. 67 28. März	(Er ist) etwa 1,78 m (groß).	Er ist 1,75 m groß. (Zum Zeitpunkt der Sitzung war das weder meiner Frau noch mir bekannt. Es stand in einer „Vermisstenanzeige" der Polizei, die mir Mrs. B. am 10. April schickte.)
Nr. 85 28. März	Er hat einen guten Freund, der Psychologe ist.	Während Mrs. Leshans Besuch im Haus der B.s, am 3. März, wurde sie auch einem Mann, der Psychologe war, und seiner Frau vorgestellt. Mrs. B. sagte dabei: „Das sind unsere besten Freunde."
Nr. 92 28. März	Ich sehe ihn in La Jolla.	Er war fast während seiner gesamten Abwesenheit in La Jolla, mit Ausnahme der Zeit, die er in Mexiko verbracht hat. Sein erster Brief nach Hause wurde von dort abgeschickt. Dieser „Treffer" ist höchst ungewöhnlich. Zum Zeitpunkt dieser Aussage hatten weder die Polizei noch Mrs. B. noch ich eine Ahnung, wo er sein könnte.

Am hieb- und stichfestesten unter diesen beweiskräftigen Aussagen sind wohl Nr. 92 (wonach Herr B. in La Jolla war, und das zu einer Zeit, zu der weder Mrs. B noch die Polizei oder ich wussten, wo er war) sowie Nr. 59 und 60 (den Verlust seines Vaters betreffend, als er zwischen 13 und 15 Jahre alt war; dass sein Vater die Familie verlassen hatte, war Mrs. B. bekannt, mir aber nicht.) Unabhängig davon, wie die anderen Aussagen zu beurteilen sind, scheinen diese eindeutig auf einen paranormalen Informationserwerb durch Mrs. Garrett hinzuweisen.

Abschließend möchte ich anmerken, dass dies ein seltsam „altmodischer" Artikel ist. Er passt nicht zu den heutigen Interessen vieler Forscher und fügt sich nicht in die moderne Strömung der Parapsychologie. Seit jener Zeit, als man Artikel wie diesen häufig in den amerikanischen Fachzeitschriften fand, ist mit unserem Gebiet eine solche Veränderung vor sich gegangen, dass der mediale Forscher Jules Eisenbud vor Kurzem bei einer Versammlung der Parapsychological Association sagen konnte, „wäre William James noch am Leben und versuchte er, heute unter seinen Kollegen mit seiner bemerkenswerten Mrs. Piper hausieren zu gehen", stünde wohl zu bezweifeln, ob er damit sehr weit käme.[65] Niemand aus dem Kreis der Teilnehmer widersprach ihm. Im Moment legt die Parapsychologie ihren Schwerpunkt auf statistische Auswertungen, die Wirkung der Hypnose, reduzierte sensorische Reizzufuhr, Drogen, die zu paranormalen Fähigkeiten führen, die Beziehung zwischen Persönlichkeitsstruktur und Haltung auf die Trefferquote und andere derartige Ansätze. Obwohl Redner bei

---

65 Eisenbud, Jules, „The Problem of Resistence to PSI Phenomena". Festrede beim Dinner vor der Neunten Jahresvollversammlung der Parapsychological Association, New York City, 8.-10. September 1966. *Proceedings of the Parapsychological Association* 3 (1969).

verschiedenen Parapsychologie-Konferenzen in den letzten Jahren wiederholt behauptet haben, wir würden durch den Mangel an guten Sensitiven, mit denen man arbeiten könnte, in unserer Arbeit behindert, wird mit denjenigen, die uns zur Verfügung stehen und die bereit sind, an Forschungen mitzuwirken, sehr wenig getan.

Warum sollte man dann überhaupt einen Aufsatz wie diesen veröffentlichen? Einfach deshalb, weil, von Glaubensfragen abgesehen, eben durchaus nicht feststeht, welcher Ansatz – der qualitative oder der quantitative – letzten Endes der fruchtbarste ist, welcher mehr zum Erkenntnisgewinn auf unserem neuen Gebiet beitragen wird.

7

Was darf ich hoffen?

Das gesamte Suchen des Menschen nach Erkenntnis und Sinn ist, so schrieb der Philosoph Immanuel Kant, in vier Fragen enthalten:

Was kann ich wissen?
Was soll ich tun?
Was darf ich hoffen?
Was ist der Mensch?

Wenn die Erforschung des PSI eine ausgereifte Wissenschaft und seine Existenz Teil des Weltbildes unserer Kultur, Bestandteil des „gesunden Menschenverstandes" wird, was können wir dann vernünftigerweise erwarten? Worauf ich hoffe, ist, dass PSI eines Tages so umfassend anerkannt wird wie das Unbewusste nach Freud oder die Erderwärmung, seit das Thema ausreichend wissenschaftlich erforscht ist.

Da unsere Kultur an Wissenschaft und Sinneswahrnehmung ausgerichtet ist, können wir sicher sein, dass sie sich angesichts des neuen Wissens nicht so verändern wird, wie das bei einer glaubensbasierten mittelalterlichen Kultur der Fall gewesen wäre. Wir

werden wahrscheinlich nicht wieder in den Glauben an Engel und
Teufel und das Ränkespiel zwischen den Kräften des Guten und des
Bösen zurückfallen. Wir werden uns in Richtung der Beziehung
zwischen dem Auftreten von PSI und Gefühlen, Glaubenssyste-
men, zwischenmenschlichen Beziehungen und anderen Variablen
bewegen, die wir in dem Teilbereich (oder den Teilbereichen) der
Wirklichkeit vorfinden, die wir erforschen – also den anderen Observablen. Das gilt ganz unabhängig davon, ob dieser Teilbereich
quantitativ ist oder nicht. Das Bewusstsein ist ein nicht-quantitativer Teilbereich. Der Intensität von Gefühlen kann man nicht sinnvoll Zahlen zuordnen und die Entfernung zwischen einem Gefühl
und einer Erinnerung lässt sich nicht quantifizieren. Wir können
unsere positive (oder negative) Reaktion auf ein Buch von Kipling
oder Updike nicht in Ziffern messen (obgleich wir natürlich in einem anderen Segment die Verkaufszahlen dieser Bücher in einem
beliebigen Jahr akkurat vergleichen können).

Ein weiterer nicht-quantitativer Teilbereich ist das Weltbild von
Mythen und Märchen. Wie viele Meilen Orpheus auf seiner Reise
in die Unterwelt zurückgelegt hat, ist genauso wenig bestimmbar
wie der Abstand zwischen dem Land der Munchkins und der Sma-
ragdstadt[66] (oder dem Elternhaus von Hänsel und Gretel und dem
Häuschen der bösen Hexe, d. Ü.). Auch für das Bewusstsein, für
Mythen und Märchen gelten Gesetze, aber dies sind ganz andere
als jene, die über das Herabfallen von Äpfeln und die Bewegungen
der Planeten herrschen. Es leuchtet völlig ein, dass in den unterschiedlichen Teilbereichen der Wirklichkeit, die wir Menschen
herausgeschält haben und in denen wir leben, unterschiedliche
Gesetze gelten.

---

66 Aus dem „Zauberer von Oz“, ein Märchen, das für amerikanische Kinder
   etwa so bedeutend ist wie hierzulande „Hänsel und Gretel“. (Anm. d. Ü.)

Wir werden die Daten der medialen Forschung unter ihren eigenen Bedingungen betrachten und schauen, wohin sie uns führen. Da wir damit über die Anerkennung wichtiger persönlicher Observablen sprechen, die einfach nicht zu unserer üblichen Sicht der Welt passen, können wir bedeutende Veränderungen in unserem Selbstverständnis als Menschen wie auch in unserem Verständnis der Welt, in der wir leben, erwarten.

Das bedeutet nicht, dass wir das Bild der Wirklichkeit, das uns unsere Sinne vermitteln, aufgeben werden. Es funktioniert viel zu gut, als dass es falsch sein könnte. Wenn ich mich mit seiner Hilfe auf den Weg nach Chicago mache, dann komme ich auch in Chicago an und nicht in London, im Gestern oder auf dem Deck von Sindbads Schiff. Außerdem ist das Bild, das uns unsere Sinne vermitteln, absolut notwendig für unser biologisches Überleben.[67] Auch als wir festgestellt haben, dass in Mikrokosmos und Makrokosmos höchst unterschiedliche Definitionen, Gesetze und Beziehungen gelten, mussten wir dieses Weltbild nicht aufgeben. Sie befinden sich beide in unterschiedlichen Teilbereichen der Wirklichkeit, und in verschiedenen Teilbereichen gelten unterschiedliche Gesetze. Zwischen ihnen besteht kein Widerspruch.

Nach dieser Präambel stellt sich nun die Frage: Was können wir vernünftigerweise erwarten, was mit uns und unserer Gesellschaft geschieht, wenn die Existenz komplexer PSI-Ereignisse eines Tages zu den selbstverständlichen Grundannahmen in unserer Kultur gehört?

---

67 Der Teilbereich der Wirklichkeit, der für das Überleben einer Art notwendig ist (ihr „Alpha-Segment"), ist derjenige, der ihr durch ihre sinnlichen Wahrnehmungsmöglichkeiten vermittelt wird. Diese Teilbereiche können sich stark unterscheiden. Die Arten müssen so handeln, als ob ihre Sinne ihnen die wahre Natur der Wirklichkeit vermittelten, sonst sterben sie aus. In diesem Sinne ist die Wirklichkeit „artenspezifisch".

1.   Die Ansicht, dass wir selbst und andere in unserer eigenen
     Haut gefangen sind und mit anderen nur durch physische
     Bewegung unseres Körpers kommunizieren können, wird
     nach und nach verschwinden.

2.   Eine neue Sicht der Fragen „Was bin ich?" und „Was sind
     die anderen?" wird Allgemeingut unserer Kultur werden. Es
     wird eine zweifache Sicht sein, bei der wir uns und andere
     zugleich als Individuen und als Teil von etwas Größerem
     betrachten. Sie wird nahe an den Vorstellungen der meisten
     seriösen esoterischen Schulen und spirituellen Gruppen lie-
     gen, wonach, wenn ich dich als Individuum im Vordergrund
     sehe, im Hintergrund zugleich das Bild von dir als Teil von
     etwas Größerem steht und umgekehrt.

3.   Dieses neue Konzept wird unser Verhalten beeinflussen.
     Glaubenssysteme sind wahr in ihren Wirkungen. Zu diesen
     Wirkungen wird ein veränderter Umgang mit uns selbst, mit
     anderen und mit dem planetarischen Nest gehören, in dem
     wir leben.

4.   Diese Veränderungen werden umfassend genug sein und
     ausreichend rasch eintreten und so mit dazu beitragen, dass
     die Menschheit von der Liste der vom Aussterben bedrohten
     Arten gestrichen werden kann.

Man kann unmöglich exakt vorhersagen, welches diese Veränderungen konkret sein oder wie schnell sie die Gesellschaft wandeln
würden. (Vielleicht muss erst eine ganze Generation mit dieser
Überzeugung aufwachsen, bevor ihre Auswirkungen in vollem
Umfang spürbar werden.) Sie kommen jedoch sehr nahe an die
Veränderungen heran, von denen fast universell Menschen berichten, die entweder eine tiefe mystische Erfahrung gemacht oder

lange einer esoterischen Schule angehört haben. Im Allgemeinen gehören ein tieferer innerer Friede und eine gesteigerte Lebensfreude ebenso dazu wie weniger konfliktbehaftete Beziehungen zu anderen. Außerdem umfassen sie ein tiefes Empfinden unserer Beziehung zur Erde als Ganzer.

Ganz anders als gemeinhin angenommen, sind Mystiker in allem, was sie tun, ungewöhnlich effizient. Viele westliche Mystiker sind bekannt für ihre Beiträge zu Kunst und Wissenschaft sowie für ihren außergewöhnlichen Erfolg im Geschäftsleben.[68]

Es fällt schwer sich vorzustellen, inwiefern diese Veränderungen negativ sein sollten, etwa was das persönliche Glück, die zwischenmenschlichen Beziehungen oder das Überleben unserer Art anbelangt. Das liegt nicht nur daran, dass „die Wahrheit euch frei machen" wird. Ebenso wenig liegt es daran, dass wir ohne die Anerkennung dieser Dimensionen unseres Daseins einen großen Teil unseres Wesens verdrängen müssen, was immer einen hohen Preis fordert. Vielmehr liegt es daran, dass die Betonung der Verbundenheit von Ihnen und mir, von allem und jedem weitreichende Veränderungen in unserem Verhalten uns selbst und anderen gegenüber bewirken sollte, und zwar in eine positive Richtung.

Man kann heute nicht sagen, ob die Veränderungen, von denen hier die Rede ist, die Häufigkeit von komplexen PSI-Ereignissen steigern würden, wenngleich dies wahrscheinlich erscheint. Mit Sicherheit aber würden sie unsere Fähigkeit verbessern, PSI-Ereignisse zu beurteilen, sie als echt anzuerkennen und ihre Auswirkungen anzunehmen. Mit Sicherheit würden sie die Häufigkeit

---

68 Siehe zum Beispiel W. R. Inge: „Alle großen westlichen Mystiker waren tatkräftig und einflussreich, und in einer eigenartig großen Anzahl von Fällen sind insbesondere ihre kaufmännischen Fähigkeiten bekannt." Zitiert in Otto, Rudolph, *Mysticism East and West: A Comparative Analysis of the Nature of Mysticism*, Meridian, 1975.

steigern, mit der PSI-Ereignisse anderen erzählt und mit der sie erinnert werden, wenn wir sie selbst erleben.

Darüber hinaus werden sich die Veränderungen und Überzeugungen unter „Mystikern" und Menschen, die ein tiefes mystisches Erlebnis hatten (wie etwa das, von dem Eda LeShan in „Ein Erlebnis im Wald" berichtet) individuell stark unterscheiden. Diese Unterschiede sind anscheinend eher auf den eigenen Standpunkt, den man vor dem Erlebnis hatte, zurückzuführen, als auf dieses selbst. Man kann wohl vernünftigerweise annehmen, dass dieses Problem ebenfalls Bestandteil der kulturellen Veränderungen sein wird, über die ich hier schreibe.

Was darf ich hoffen? Dass eine allgemeine Anerkennung komplexer PSI-Ereignisse zu persönlichen und kulturellen Veränderungen führen wird, die uns helfen werden, jene großen Probleme zu meistern, die uns nun zu zerstören drohen – dass wir mit dem neuen Bild vom Menschen lernen können, einander nicht mehr gegenseitig umzubringen und den einzigen Planeten zu vergiften, den wir haben, unser Nest und unsere Heimat.

Dass jede kulturelle Veränderung, die zur Lösung der unmittelbaren Probleme einer Kultur beiträgt, schließlich neue, unvorhergesehe Probleme mit sich bringt, ist heute eine Binsenweisheit. Aber die Probleme der Zukunft müssen wir den Menschen der Zukunft überlassen. Wir müssen uns um unsere kümmern.

Anhang

„Wann ist Uvani?"[69]

Lawrence LeShan

Den folgenden Bericht nehme ich hier auf, nicht als die endgültige Lösung eines Problems der medialen Forschung, sondern als Beispiel für das „Querdenken", das zur Entwicklung der neuen Wissenschaft, die unsere Daten erfordern, notwendig sein mag.

In der medialen Forschung gibt es ein seltsames, immer wiederkehrendes Phänomen, nämlich das Auftreten einer Klasse von Entitäten, die als „Kontrollgeister" bezeichnet werden. Klassischerweise zeigt sich dieses Phänomen unter folgenden Bedingungen: Ein Mensch, der manchmal bereits mit medialen Dingen zu tun hatte, manchmal aber auch nicht, behauptet plötzlich – entweder mündlich oder schriftlich – eine andere Persönlichkeit zu sein. Diese neue Persona (nennen wir sie *Kontrollgeist*) handelt im Allgemeinen bei jedem Auftauchen einheitlich. Die ursprüngliche Persönlichkeit, die sich im Körper des Menschen manifestiert (nennen wir sie das *Medium*) behauptet für gewöhnlich, sie habe keinerlei Kenntnis von diesen Ereignissen. Entweder sagen die Medien, sie

---

69 Zuerst erschienen in *The Journal of the American Society for Psychical Research*, Band 89, April 1995.

seien während der Episode nicht da oder ohne Bewusstsein gewesen, oder aber sie betrachten den schreibenden Arm, als schriebe
er nach eigener Volition (nach einem eigenen Willen).[70] Der Kontrollgeist behauptet normalerweise, er habe in der zeitlichen Vergangenheit als Mensch gelebt. Manchmal kann diese Behauptung
bis zu einem realen Menschen zurückverfolgt werden, über den
Schriftliches zu finden ist, manchmal nicht.

Dieses Phänomen unterscheidet sich von der sogenannten „multiplen Persönlichkeit" dadurch, dass das Medium entscheidet, wann
er – der Kontrollgeist – in Erscheinung treten soll, wenngleich in
seltenen Fällen Konkurrenzsituationen oder Konflikte zwischen
dem Kontrollgeist und dem Medium auftreten.

Sehr häufig zeigen Kontrollgeister über lange Zeit eine sehr einheitliche Persönlichkeit. (Die Aufzeichnungen zeigen, dass „Uvani",
der führende Kontrollgeist von Eileen Garrett, über einen Zeitraum
von mindestens fünfzig Jahren hinweg in seiner Persönlichkeit und
seinen philosophischen Ansichten konsistent war.) Zusätzlich zeigen
die besten Medien häufig paranormale Fähigkeiten, und zwar der-
gestalt, dass sie oft alle Anzeichen dafür aufweisen, über bestimmte
Informationen zu verfügen, an die sie weder über die normalen Sinneskanäle noch durch Extrapolation von auf diese Weise erlangten
Informationen gelangt sein können. So hat zum Beispiel das *Journal
of the Society for Psychical Research* Hunderte von Berichten über
solche Vorfälle veröffentlicht. Darüber hinaus sind die Medien mit
den am längsten präsenten und am stärksten konsistenten Kontroll-
geistern in aller Regel gesunde Persönlichkeiten.

---

70 Daher die Bezeichnung „Kontrollgeist", weil diese Entität allem Anschein
   nach während der Dauer ihrer Anwesenheit die Kontrolle übernimmt. Die
   Bezeichnung ist nicht wissenschaftlich, sondern einfacher Sprachgebrauch.
   (Anm. d. Ü.)

Forschungen und Spekulationen darüber, ob dieses Phänomen ein Hinweis darauf ist, dass der Geist den Tod des Körpers überlebt (wie die Kontrollgeister behaupten) oder ein Phänomen im Rahmen der multiplen Persönlichkeit darstellt, waren alles andere als erfolgreich. Anscheinend konnte man sich zwischen den beiden Hypothesen nicht entscheiden. Nicht einmal Eileen Garrett, das bedeutendste Medium ihrer Zeit, die fast ihr ganzes Erwachsenenleben lang nach dem Sinn ihrer Medialität gesucht hat, konnte eine Entscheidung darüber treffen. Etwa ein Jahr vor ihrem Tod fragte ich sie, was sie über ihre Kontrollgeister denke, nachdem sie nun fast fünfzig Jahre Erfahrung mit ihnen gesammelt und mit jedem seriösen Menschen, den sie finden konnte, an dem Problem gearbeitet habe (auch mit C. G. Jung). Sie antwortete:

> Larry, ich muss Ihnen auf scheinbar leichtherzige und humorvolle Weise antworten, aber so kann ich es am ehesten. Es ist, als glaubte ich Montag, Mittwoch und Freitag, dass sie tatsächlich die Geister sind, die sie zu sein behaupten; Dienstag, Donnerstag und Samstag glaube ich, dass sie Abspaltungen einer multiplen Persönlichkeit sind, die ich erfunden habe, um mir die Arbeit zu erleichtern. Und Sonntag ist es, als ob ich versuchte, nicht an das Problem zu denken.

Eine alte Überzeugung der Wissenschaft lautet: Wenn ernstzunehmende Männer und Frauen lange Zeit ernsthaft an einer Frage arbeiten und keine Antwort, ja noch nicht einmal eine theoretische Möglichkeit, zu einer Antwort zu kommen, finden können, dann stellen sie die falsche Frage. Auf dieser Grundlage betrachtet, ist die Frage, ob dieses Phänomen auf den überlebenden Geist oder abgespaltene Persönlichkeitsanteile zurückgeht, eindeutig die falsche. Gibt es eine Möglichkeit, eine andere Frage zu stellen?

Beginnen wir mit der Tatsache, dass die Kontrollgeister häufig paranormale Fähigkeiten zeigen und über Informationen verfügen, an die sie weder über die normalen Sinneskanäle noch durch Extrapolation von auf diese Weise erlangten Daten gekommen sein können. Wer das bezweifelt, hat schlicht die relevante Literatur nicht gelesen, und die weitere Diskussion mit diesen Leuten lohnt sich erst, wenn dies geschehen ist. Mit den Worten von C. D. Broad gesprochen:

> Jeder, der zum heutigen Zeitpunkt zu augenscheinlich paranormalen Phänomenen einer festen Überzeugung Ausdruck gibt, sei sie nun positiv oder negativ, ohne sich eingehend mit den wichtigsten Methoden und Ergebnissen der sorgfältigen, langen und anhaltenden Arbeit [der medialen Forschung] vertraut gemacht zu haben, ist ohne weiteres Aufheben als eingebildeter Ignorant abzuweisen. (Broad, C. D., *Lectures in Psychical Research*)

In allen ernstzunehmenden Fällen, die als „paranormal" bezeichnet worden sind, wird gegen die normalen Gesetze von Raum und Zeit verstoßen. Wir können das bisher nicht „erklären" – das ist das zentrale Problem der medialen Forschung. Wir *wissen*, dass diese Gesetze von Zeit und Raum nicht gebrochen werden können und es keine Ausnahmen geben kann. Wir *wissen* allerdings auch und haben das im Labor eindeutig und wissenschaftlich nachgewiesen, dass sie manchmal gebrochen werden. Trotz all unserer Bemühungen mussten wir sie, um es mit Jacob Needleman auszudrücken, als „Seifenblasen des Rätselhaften, die in einem ansonsten normalen Universum umherschweben", bestehen lassen.

Ist es fruchtbar, wenn wir versuchen, uns dem Paradoxon auf neue Weise zu nähern? Versuchen wir es und beginnen wir mit der Frage: „Gibt es Klassen von Dingen (Entitäten), für die die normalen Gesetze von Zeit und Raum gelten, und Klassen von Dingen, für die sie nicht gelten?"

So betrachtet, wird deutlich, dass es tatsächlich zwei Klassen von Dingen gibt. Die erste Klasse könnten wir als *strukturelle Entitäten* bezeichnen. Das sind Dinge, die Länge, Breite und Dicke haben. Sie sind stets den „normalen" Gesetzen von Zeit und Raum unterworfen. Dinge dieser Art können sich zum Beispiel nicht schneller als mit Lichtgeschwindigkeit fortbewegen. Sie haben während ihrer Lebensdauer eine eindeutige physische Existenz und existieren sogar weiter, wie Bischof George Berkeley betonte, ganz gleich ob sie in einem bestimmten Augenblick irgendjemandem im Bewusstsein sind oder nicht. (Man kann von einem herabfallenden Meteoriten am Hinterkopf getroffen werden, von dem niemand – außer vielleicht Gott – zuvor gewusst hat.) Bei dieser Klasse von Dingen können wir sinnvollerweise die Frage stellen: „Was ist es?" und dürfen erwarten, darauf eine vernünftige Antwort zu finden, egal auf welcher Ebene die Frage gestellt wird. Über diese Klasse von Entitäten schreibt Jonathan Swift:

Materie, sagen Logiker mir,
Kann ohne Form nicht sein.
Und Form, sag ich und wohl auch sie
Versagt, wo nicht Materie weilt.[71]

Die andere Klasse von Dingen könnten wir *funktionale Entitäten* nennen. Sie haben keine Länge, Breite oder Dicke. Sie können

---

71 Jonathan Swift, *The Progress of Beauty*, zitiert in W. B. Yeats, *A Vision*

nicht durch Messgeräte erfasst werden, ihre Wirkungen hingegen oft durchaus. Sie sind nicht an die „normalen" Gesetze von Raum und Zeit gebunden und können sich zum Beispiel oft schneller als das Licht bewegen. Wenn ich ein Teleskop auf den Stern Aldebaran richte, es anschließend schwenke und auf den Stern Altair fokussiere, dann hat sich etwas sehr „Reales", nämlich der Fokus oder Brennpunkt des Teleskops, schneller als das Licht bewegt. Oder aber, wenn ich zwei lange Lineale in einem sehr spitzen Winkel übereinanderlege, so dass sie sich an einem Ende überlappen und am anderen Ende eine sehr kleine Lücke zwischen ihnen klafft, so kann ich einen eindeutigen Divergenzpunkt ermitteln. Schiebe ich dann die beiden auseinanderliegenden Enden sehr schnell übereinander, so läuft dieser Divergenzpunkt (zumindest theoretisch) schneller als mit Lichtgeschwindigkeit an den beiden Linealen entlang. Man könnte noch viele weitere Beispiele nennen.

Es gibt aber auch seltsame und schwierige Entitäten. Berühmt ist der Vorfall, als Ludwig Wittgenstein gefragt wurde, was ein mathematischer Punkt sei, da er ja doch keine Länge, Breite oder Dicke habe. Er erwiderte: „Ein mathematischer Punkt ist ein Ort, von dem aus man einen Streit beginnen kann." Mit dieser tiefsinnigen Antwort betonte Wittgenstein eher die funktionale anstatt der strukturellen Beschaffenheit dieser Entität.

Die Existenz dieser funktionalen Entitäten unterscheidet sich außerdem beträchtlich von der der strukturellen Entitäten. Sie haben keine kontinuierliche Existenz, unabhängig davon, ob sie mental erfasst werden oder nicht, sondern sie fügen sich sehr gut der Formel ein, die Bischof George Berkeley aufzustellen versuchte. Sie existieren nur, wenn man sie sich vergegenwärtigt, nur wenn sie jemand in Begriffe fasst, nur wenn ihre Existenz von jemandem erwogen wird. Ein mathematischer Punkt ist nicht wirklich, wenn er nicht als solcher gedacht wird. Der Brennpunkt eines Teleskops hat keinerlei Auswirkungen, wenn nicht jemand daran denkt. Besser ausgedrückt, eine funktionale Entität kann keine Wirkung auf andere Entitäten haben (und hört daher – in jeder Hinsicht – auf zu existieren), wenn sie nicht als existent begriffen wird.

Eines der nützlichsten Instrumente in der Mathematik ist die Quadratwurzel aus -1. Ohne sie wäre es sehr schwer – oder sogar unmöglich – viele mathematische und technische Probleme zu lösen. Seltsamerweise jedoch gibt es gar keine Zahl, die der Quadratwurzel aus -1 entspricht. Die Quadratwurzel aus 9 ist 3, denn 3 mal 3 ist 9. Die Quadratwurzel aus 1 ist 1, denn 1 mal 1 ist 1. Es gibt jedoch keine Zahl, die, mit sich selbst multipliziert, -1 ergäbe.

Doch Mathematiker erkannten die Notwendigkeit einer Quadratwurzel aus minus eins. Im Rahmen eines Weltbildes, einer Vorstellung von der Wirklichkeit, die diese Quadratwurzel möglich machte, konnten sie sie begrifflich fassen: Fortan existierte sie als funktionale Entität – ebenso wirklich wie der mathematische Punkt. Das Konzept hat sich zudem als nützlich und haltbar erwiesen.

Bei dieser Entitäten-Klasse können wir nicht fragen: „Was ist es?" und darauf eine vernünftige Antwort erwarten. Wir können jedoch andere Fragen stellen, zum Beispiel: „Wann ist es?" und hoffen, darauf eine zufriedenstellende Replik zu erhalten. (Ein mathematischer Punkt ist dann, wenn er als Schnittstelle zweier Linien begriffen wird.)

Die Frage, „wo" eine funktionale Entität ist, „wenn" sie existiert, lässt sich nicht immer beantworten. Bei manchen funktionalen Entitäten, wie etwa unserem mathematischen Punkt, können wir diese Frage beantworten und den Punkt in Zeit und Raum verorten. Bei anderen, etwa einer Melodie, können wir die Frage nicht beantworten. Wir können die Melodie in der Zeit verorten, wenn sie mit diesem Begriff belegt wird, nicht aber im Raum.

Im Grunde könnte man sagen: Eine funktionale Entität ist das, was sie tut, dann, wann sie es tut. Außerdem ist sie (tut sie etwas) nur dann, wenn sie von einer wahrnehmenden und bewussten Identität begriffen wird.

Halten wir einen Augenblick inne und fragen wir nach Dingen ohne Länge, Breite und Dicke. Kann es sie wirklich geben? Gibt es wirklich Entitäten, bei denen man nicht „was" und manchmal auch nicht „wo" fragen kann, bei denen man aber fragen kann „wann" und „warum", und die immer dann nicht existieren, wenn sie gerade nicht wahrgenommen werden? Mathematische Punkte sind ja schön und gut, aber gibt es nicht auch andere solche Dinge, die für unseren Alltag vielleicht größere Bedeutung haben?

Diese naheliegende Frage: „Kann eine funktionale Entität eine strukturelle Entität beeinflussen?" müssen wir bejahen. Ein mathematischer Punkt hat eine Wirkung auf einen Landvermesser und mithin auf einen Löffelbagger und eine Bahnlinie. Man kann im höchsten Maße durch den Zielpunkt eines versteckten Menschen mit einem Gewehr beeinflusst werden!

Der entscheidende Punkt dieser Formel ist, dass sie uns vor zwei Klassen von Entitäten stellt, deren eine nicht an die „normalen" Gesetze von Raum und Zeit gebunden ist (das heißt, sie kann sich „paranormal" verhalten) und die andere beeinflussen kann, die an diese Gesetze gebunden sind. Wir wollen dem nachgehen und herausfinden, ob uns dies im Umgang mit den Problemen der medialen Forschung weiterhilft.

Wie ich bereits an früherer Stelle erklärt habe, werden paranormale Ereignisse deshalb als paranormal bezeichnet, weil sie uns unmöglich erscheinen. Unmögliche Ereignisse geschehen nicht.

Steht aber einmal fest, dass ein unmögliches Ereignis geschehen ist, dann hat die Wissenschaft eine Methode entwickelt, mit diesem Problem umzugehen. Unsere Definition der Wirklichkeit verändern wir nicht. Stattdessen schränken wir den Bereich ein, in dem unsere Definition der Wirklichkeit gilt. Die Revolutionen durch Planck und Einstein gingen in weiten Teilen mit einer Begrenzung der Newtonschen Wirklichkeit auf jene Erfahrungsbereiche einher, die – zumindest theoretisch – mit den Sinnen oder deren mechanischer Erweiterung wahrgenommen werden können. In den Bereichen, die für diese Art der Wahrnehmung zu klein sind, definieren die Regeln eine deutlich anders geartete Wirklichkeit. (Die spezifische Kausalität ist eher statistisch als mechanisch usw.).[72] Im Bereich all dessen, was zu groß oder zu schnell ist, um über die Sinneskanäle wahrgenommen zu werden, verändern sich die Grundregeln der Wirklichkeit noch einmal. (Zum Beispiel ändert der Begriff „simultan" seine Bedeutung drastisch – mit allen Konsequenzen).

In diesem Artikel möchte ich eine ähnliche Einschränkung vorschlagen. Die Regeln, die der gesunde Menschenverstand für die Wirklichkeit aufstellt, gelten für die eine Klasse, nicht aber für die andere. Sie gelten für strukturelle, nicht aber für funktionale Entitäten. Was bei einer Entitäten-Klasse normal ist, ist bei der anderen paranormal. In der Welt der Sinne bezieht sich die Einschränkung „unmöglich" auf Regeln, die für strukturelle, nicht aber für funktionale Entitäten gelten. Gerade so wie es für ein Elektron nicht

---

72 In seiner Vorlesungsreihe *Naturwissenschaft und Humanismus* (Deuticke, Wien 1951) drückt der Physiker Erwin Schrödinger dies folgendermaßen aus: „In dem Maße als unser Blick in immer kleinere Räume und immer kürzere Zeitintervalle eindringt, finden wir alles so gänzlich verschieden von dem grob sichtbaren und greifbaren Verhalten der Körper unseres täglichen Umganges, dass kein an unserer grobsinnlichen Erfahrung geformtes Modell je Wahrheitswert wird beanspruchen können."

paranormal ist, wenn es zur selben Zeit durch zwei Löcher einer
Platte dringt, ohne sich zu teilen (täte ein Mensch dasselbe, spräche
man von „Bilokation" und riefe die *American Society for Psychical
Research* an), so ist es für eine funktionale Entität nicht paranormal, die Lichtgeschwindigkeitsschranke zu überwinden oder, je
nach ihrer Art, gegen andere Regeln zu verstoßen, die Ereignisse
als paranormal definieren.

Kurzum, die Regeln für das Mögliche und das Unmögliche, die
wir so klar und eindeutig kennen, gelten für strukturelle und nicht
für funktionale Entitäten. Wenn wir sodann hypothetisch davon
ausgehen, dass Kontrollgeister funktionale Entitäten sind, löst sich
das Problem, wie sie „unmögliche, paranormale" Phänomene zustande bringen, in nichts auf.

Erfüllt zum Beispiel ein seriöser Kontrollgeist (wie etwa Mrs.
Garretts *Uvani*, Mrs. Pipers *Phinuit*, Mrs. Leonards *Feda* oder
Douglas Johnsons *Chang*) die Bedingungen für die Klasse der
funktionalen Entitäten, so weit wir sie bis jetzt kennen? Mit Sicherheit ist es uns nie gelungen, an Uvani, um ihn einmal als Beispiel
zu nehmen, irgendwelche körperlichen Strukturen zu entdecken. Er
(gleich als was Uvani sich eines Tages auch herausstellen sollte, das
Pronomen „er" erscheint höflicher als „es") hat, über alle Zweifel
erhaben, die Fähigkeit gezeigt, sich paranormal zu verhalten, das
heißt, Informationen zu erlangen, deren Besitz eindeutig gegen die
Gesetze von Raum und Zeit verstößt. Ein typisches Beispiel ist in
meinem Artikel „Der verschwundene Mann" aufgeführt.

Existiert Uvani auch zwischen den Zeiten, in denen er als existent
begriffen wird? Wenn wir die Fähigkeit, andere Entitäten zu beeinflussen, zum Maßstab dessen nehmen, was wir mit „existieren"
meinen, dann existiert Uvani zwischen den Zeiten, in denen er
begrifflich erfasst wird, nicht. (Der modernen Wissenschaft gilt die

Detektabilität, die Entdeckbarkeit, als Kriterium für die Existenz. Nach diesem Kriterium wurde das Michelson-Morley-Experiment als „Beweis" dafür gedeutet, dass der Äther nicht existiert.) Sobald er existiert, kann Uvani das Verhalten struktureller Entitäten beeinflussen, wie zum Beispiel des Mediums, des Klienten usw.

Hier denke ich an zwei recht interessante Vorfälle. Beim ersten erzählte mir die ausgesprochen stark medial veranlagte Rosalind Heywood, sie habe einmal mit Abdul Latif gesprochen, einem weiteren wichtigen Kontrollgeist von Eileen Garrett. Dabei beschloss sie, ihre hoch entwickelten paranormalen Fähigkeiten zu nutzen, um Abdul Latif wahrzunehmen. Sie schrieb mir: „Ich fuhr meine Antennen aus, und mir schien, dass er nur für das gerade zur Diskussion stehende Thema existierte." (Persönliche Korrespondenz, 1965)

Bei dem anderen Vorfall befragte die Psychiaterin Ira Progroff Uvani, während Eileen Garrett in Trance war. „Wie ist es dir ergangen, seit wir uns zum letzten Mal begegnet sind?" Uvani, eine ansonsten ausnahmslos ruhige und beherrschte Persona, geriet in völlige Verwirrung und konnte die Frage nicht beantworten. Ja, anscheinend konnte er sie noch nicht einmal verstehen, obgleich er bei verschiedenen anderen Gelegenheiten Progroff fragte, wie es ihr seit ihrer letzten Begegnung ergangen sei, und dabei sowohl die Bedeutung der Frage als auch die Antworten verstehen konnte.[73]

Bei diesen Vorfällen erwecken die Kontrollgeister eindeutig den Eindruck, dass sie den Regeln folgen, die für die Existenz funktionaler Entitäten gelten – dass sie nämlich nur dann existieren, wenn sie als existent begriffen werden.

---

73 Progroff, Ira, *Interviews with Eileen Garrett*, unveröffentlichtes Manuskript bei der Parapsychology Foundation.

An anderer Stelle[74] habe ich den Bewusstseinszustand beschrieben, in dem paranormale Prozesse auftreten und dies als die hellsichtige Wirklichkeit bezeichnet. Dieser Bewusstseinszustand ist
statt auf die Wahrnehmung von Strukturen eher auf die Wahrnehmung von Beziehungen ausgerichtet. Darin und in dem Weltbild,
das dieser Bewusstseinszustand als gültiges metaphysisches System anerkennt, werden Beziehungen als primär und individuelle
Strukturen sowie deren Getrenntheit als sekundär oder illusionär
betrachtet. Genau dieselbe Metaphysik erkennen auch der seriöse
Mystiker und der Einsteinsche Physiker an. Daher können wir hier
Arthur Eddingtons Worte zitieren: „Vielleicht können wir die Allgemeine Relativitätstheorie am ehesten so in Worte fassen, dass wir
nur Beziehungen zwischen physikalischen Entitäten beobachten."
Aussagen ähnlicher Art, sowohl von Physikern als auch von Mystikern (wobei oft nicht zu unterscheiden ist, welcher Überzeugung
der jeweilige Verfasser anhängt), wurden bereits an anderer Stelle
zahlreich aufgeführt.

In diesem Licht betrachtet, ist die hellsichtige Wirklichkeit in erster Linie eine Art und Weise, funktionale Entitäten wahrzunehmen.
Hier wird ein weiterer Grund für die Hypothese ersichtlich, dass
paranormale Ereignisse und funktionale Entitäten miteinander in
Beziehung stehen.

Nun gut, „wann" ist dann also Uvani? Ist das eine fruchtbare Frage? Kann es unseren Blick erhellen, sie zu stellen? Versuchen wir
ein paar Antworten. Uvani ist „dann, wenn" Eileen Garrett (oder
ein anderes Medium) sich bei einem wahrnehmbaren Bedürfnis
eines Klienten in einen bestimmten Bewusstseinszustand begibt.
Wenn sie die Welt auf eine bestimmte Weise (in der hellsichtigen
Wirklichkeit) und in diesem Weltbild Uvani als existent begreift,

---

74 LeShan, Lawrence, *The Medium, the Mystic and the Physicist*, Viking 1974.

dann existiert er. Außerdem wird er als mit verschiedenen Eigenschaften versehen begriffen. Unter diesen Bedingungen entsteht eine funktionale Entität mit bestimmten Eigenschaften und funktioniert entsprechend dieser Eigenschaften.

Ganz so einfach ist es jedoch eindeutig nicht. Damit eine funktionale Entität mit bestimmten Eigenschaften entstehen (also strukturelle Entitäten beeinflussen) kann, muss die sie wahrnehmende strukturelle Entität voll und ganz an ein höchst kohärentes Weltbild glauben, das diese Eigenschaften zulässt. Das gilt für „die Quadratwurzel von minus eins" ganz genauso wie für Uvani. (Es nützt nichts zu fragen, „was" die Quadratwurzel von minus eins ist. Man kann fragen, „wann" sie ist und wie sie andere funktionale und strukturelle Entitäten beeinflusst. Auf diese Fragen können wir Antworten finden, nicht aber auf die „Was"-Frage.) Doch es muss nicht nur das Weltbild anerkannt werden, sondern auch die funktionale Entität selbst muss eindeutig als potenziell und tatsächlich existent begriffen werden. Sind jedoch diese Bedingungen, die Anerkennung des geeigneten Weltbilds und der Glaube an die funktionale Entität gegeben, dann kann sie entstehen. Allmählich verstehen wir, „wann" Uvani ist. Hilft uns das weiter? Wenn ein Konzept hilfreich sein soll, dann muss es die zuvor unerklärlichen Daten erklären und uns helfen können, diese und die vorhandenen, auch zuvor bereits erklärlichen Daten besser einzuordnen sowie neue Daten vorherzusagen. Finden wir also heraus, ob unser Konzept hier fruchtbar ist.

Allem Anschein nach kann es die Daten erklären, die wir haben (was daran liegen mag, dass es sehr allgemein ist, aber im momentanen Stadium ist das akzeptabel). Mit Sicherheit erklärt es, warum wir nie eine theoretische Methode entwickeln konnten, mit der sich zufriedenstellend bestimmen ließe, „was" ein Kontrollgeist

ist. Und es erklärt, warum wir nie in der Lage waren, Instrumente zu entwickeln, die einen Kontrollgeist direkt entdecken könnten. (Wenn ein Teleskop auf eine Wand in anderthalb Kilometern Entfernung gerichtet wird, dann existiert der *Brennpunkt*. Wir können ihn jedoch noch nicht einmal theoretisch durch irgendwelche Instrumente entdecken, die sich in der Wand befinden oder diese beobachten. Dennoch existiert er, und wenn ihn eine strukturelle Entität, die zum Beispiel eine Kanone parat hat, richtig begreift und wahrnimmt, dann kann er eine drastische Wirkung auf die Wand ausüben.)

In einer seltsamen gedanklichen Kreisbewegung erklären wir Uvanis Eigenschaften, indem wir sagen, Folgendes seien die Eigenschaften, die er habe. Dieses Vorgehen ist – mindestens seit dem Ende des Mittelalters – im Umgang mit strukturellen Entitäten unzulässig. Jedoch ist dieses Vorgehen, so behaupten wir, das richtige für den Umgang mit funktionalen Entitäten. Die Eigenschaften der „Schwerkraft" sind jene, die wir ihr zuschreiben, wenn wir die Tabellen mit den Beobachtungen erklären wollen, die wir bei solaren Phänomenen machen. Die funktionale Entität „Schwerkraft" ist sehr nützlich. Durch sie können wir alte Daten erklären und neue vorhersagen, doch ihre Eigenschaften erklären wir schlicht, indem wir sagen, dies seien sie. Auf die Frage, „was" Schwerkraft sei, können wir nur mit einem hilflosen Schulterzucken reagieren. Die Frage „wann" können wir hingegen beantworten. Wir können sie nicht direkt durch die Sinne erweiternde Instrumente entdecken, ihre Auswirkungen hingegen können wir mit Bestimmtheit erkennen.

Eine höchst dramatische Demonstration dieses Konzepts und einer seiner Folgen gaben Iris Owen und ihre Kollegen. Sie schufen eine funktionale Entität, die konsistente paranormale Phänomene hervorrufen konnte. Zu Beginn schrieben sie eine Geschichte über einen erfundenen Ritter unter König Karl I. Diese Figur, die sie Philip nannten, war verheiratet, verliebte sich jedoch in ein Zigeunermädchen. Er brachte sie im Torwärterhäuschen seines Schlosses unter. Seine Frau wurde eifersüchtig und beschuldigte das Mädchen der Hexerei. Philip unternahm nichts zu ihrer Verteidigung, und so wurde sie auf dem Scheiterhaufen verbrannt. In tiefer Reue stürzte er sich von der Burgmauer und starb. Nachdem sie die Geschichte geschrieben hatten, setzte sich die Gruppe an einen Tisch und versuchte, Philip dazu zu bringen, mit ihnen zu kommunizieren. Owen leitete die Gruppe sorgfältig zu einer Wirklichkeitsauffassung an, die ihrer Meinung nach eine erfolgreiche Kommunikation mit Philip am ehesten wahrscheinlich machte. Schon bald manifestierte sich eine Entität, die sich als Philip zu erkennen gab, durch lautes Tischklopfen – ein Schlag stand für „ja", zwei standen für „nein". In seinen Antworten auf Fragen bestand „Philip" darauf, dass die Geschichte wahr sei, mit Ausnahme dessen, dass er in das Zigeuner-Mädchen verliebt war. Dies sei vielmehr lediglich sexuelle Verblendung gewesen.

Owens Tisch war äußerst solide und beeindruckend massiv. Sie war eine ausgezeichnete Experimentatorin, daher setzte sie die Mitglieder ihrer Gruppe abwechselnd ein, so dass jeder einmal nicht anwesend war, wenn der Tisch aktiv wurde. Sogar wenn sich niemand von den Gruppenmitgliedern in einem Umkreis von einem Meter um den Tisch herum aufhielt (eine Mehrheit sich aber im Raum befand und an der Beziehung arbeitete) und bei voller Beleuchtung, bei der sie üblicherweise arbeiteten, waren die Klopfzeichen laut und deutlich. Bei der Aufzeichnung mit einem Oszilloskop ergaben sie ein Muster ohne „Dämpfungseffekt", das anscheinend nicht reproduzierbar war, wenn mit der Hand, dem

Fuß oder einem Gegenstand auf den Tisch geschlagen wurde. (Ich
habe höchstpersönlich alles versucht, was mir in den Sinn kam!)

Ihre Gruppe hatte also unter den richtigen Bedingungen eine
funktionale Entität „maßgeschneidert" und ihr bestimmte Eigenschaften verliehen. Diese Eigenschaften hatte die Entität dann tatsächlich und beeinflusste damit strukturelle Wesen exakt auf die
vorgesehene Weise. Ich glaube, *Eine Gruppe erzeugt Philip*[75] wird
auf lange Sicht eines der wichtigsten Bücher bleiben, die auf dem
Gebiet der medialen Forschung veröffentlicht worden sind. Owens
Gruppe hat damit faktisch ein Handbuch vorgelegt, wie man parapsychologische Forschung betreibt, indem man die richtigen funktionalen Entitäten „herstellt", um jene paranormalen Funktionen
zustandezubringen, die wir erzeugen wollen. Owen überprüfte
ihre Forschungsmethoden, indem sie mit anderen Gruppen andere
funktionale Entitäten erzeugte. Eine Gruppe gelangte über dieselbe Tischklopf-Technik zu einer regelmäßigen und überzeugenden
Kommunikation mit einer Entität, die sich als „Nikolaus" zu erkennen gab, wieder eine andere bezeichnete sich als der „Osterhase"
(aber er wollte partout nicht verraten, woher er die Eier hat)!

Erlauben wir uns nun die Freiheit, uns Uvani auf methodischen
Umwegen über einen anderen Aspekt des Paranormalen, nämlich
die Geistheilung, zu nähern. Die Beweise sind eindeutig. Es gibt
eine Art der „Behandlung" körperlicher Beschwerden, die aus
unseren heute anerkannten Erklärungssystemen herausfällt. Auf
gewisse Weise erzeugen die Heilenden eine feste Vorstellung, und
der oder die Heilungssuchende reagiert darauf (manchmal) mit
positiven biologischen Veränderungen. Manchmal tritt keine erkennbare biologische Veränderung ein. Die Heilungssuchenden

---

75 Owen, Iris und Sparrow, Margaret, *Eine Gruppe erzeugt Philip*, Kamphau-
   sen 1983

wissen zuweilen, zuweilen aber auch nicht, wann die Heilenden mit
ihnen „arbeiten", einige glauben an die ganze Sache, andere nicht,
manche sind persönlich bei dem oder der Heilenden anwesend,
andere nicht. Was geht hier vor sich?

An anderer Stelle habe ich beschrieben, welche Verhaltensweisen
nach Auffassung seriöser Heilender für die Heilung ausschlagge-
bend sind. (Aussagen von Heilenden wie den Worralls, Ronald
Beaseley und Edgar Jackson zeigen, dass diese Analyse ihrer
Meinung nach korrekt ist. Außerdem hat die Anwendung dieser
Verhaltensweisen durch mich zu positiven Heilungsergebnissen
geführt, und dasselbe trat bei Menschen ein, die Joyce Goodrich
und ich darin ausgebildet haben.) Zu diesen Verhaltensweisen gehört, dass die Heilenden ein Weltbild anerkennen, bei dem der
wichtigste Aspekt der Dinge ihre Beziehungen sowie ihre Verbundenheit untereinander ist und in dem Isolation und Getrenntheit als
Illusionen gelten. Wenn die Heilenden dies – zumindest in diesem
Moment – voll und ganz anerkennen, und zwar in dem Maße,
dass es ihr Bewusstseinsfeld vollkommen ausfüllt, dann erschaffen sie eine besondere funktionale Entität, die sich organisch und
ganz von selbst in diese Metaphysik einfügt. Das bedeutet, dass
die Heilungssuchenden keine getrennte strukturelle Entität mehr
sind, die innerhalb der Grenzen ihrer Haut gefangen und isoliert
sind, sondern mit ihrer ganzen Einzigartigkeit und Individualität
Teil einer funktionalen Entität, die den gesamten Kosmos umfasst
oder zumindest die Heilenden sowie ein ordentliches Stück vom
Universum. Einen Augenblick lang ist das Bewusstsein des oder
der Heilenden von dieser Vorstellung vollkommen erfüllt. Wenn
Heilung eintritt, dann haben die Heilenden genau dies getan.

Die Heilenden haben unsere Regeln befolgt, wie eine funktionale Entität zum Entstehen gebracht werden kann. Erstens indem

das geeignete metaphysische System in Begriffe gefasst und seine Gültigkeit voll und ganz anerkannt wird, zweitens indem eine
funktionale Entität, die sich diesem Weltbild und der momentanen
Situation, so wie sie mithilfe dieses Weltbildes wahrgenommen
wird, organisch einfügt, entworfen und ihre Gültigkeit voll und
ganz anerkannt wird. Diese neu zum Entstehen gebrachte funktionale Entität, die die Heilenden und wahrscheinlich auf einer
bestimmten Ebene auch die Heilungssuchenden wahrnehmen, hat
Auswirkungen auf die strukturellen Entitäten. Sehen wir damit
etwa, dass etwas Licht auf die paranormalen Aspekte der Geistheilung geworfen wird? Das Grundproblem ist die Überbrückung
der Lücke zwischen Heilenden und Heilungssuchenden. Außer
wenn wir, wie etwa im Fall der Schwerkraft, zur Anerkennung
gezwungen werden, ist uns heute alles, was auch nur entfernt nach
Fernwirkung riecht, nicht geheuer. Es hat für uns das Anrüchige
des Paranormalen. In unserer normalen Welt von Zeit und Raum *ist*
es auch paranormal. Doch funktionale Entitäten sind durch solche
Kriterien nicht eingeschränkt; und eine funktionale Entität, zu der
sowohl die Heilenden als auch die Heilungssuchenden gehören,
schließt die Lücke zwischen ihnen. Und voilà, schon ist unsere
Geistheilung nicht mehr paranormal. Wie herrlich bequem ist doch
dieses Konzept von den beiden Entitäten!

Es ist ja ganz schön, eine Theorie zu präsentieren, wie die Lücke
zu schließen sei und ihre Auswirkungen auf die strukturelle Entität des oder der Heilungssuchenden zu „erklären". (Ich habe das
zuletzt mit der Hypothese getan, dass es die Heilungssuchenden
einer „idealen organismischen Position" näher bringt und dadurch
ihre Selbstheilungsmechanismen dazu bewegt, auf einer Ebene zu
operieren, die ihrem Potenzial näher kommt.) Aber kann diese
Theorie auch neue Daten vorhersagen? Das ist der Knackpunkt

einer Theorie. Ohne diese Fähigkeit zur Vorhersage ist sie nicht mehr als ein interessanter Gesprächsstoff und ein nettes Spiel.

Wenn Heilende und Heilungssuchende in eine funktionale Entität mit eingeschlossen sind und die Heilenden eine funktionale Entität konzipieren, die positive therapeutische Wirkung auf die Patienten hat, dann reagieren die Patienten oft mit positiven biologischen Veränderungen. In dem Weltbild, das die Heilenden verwenden, ist eine funktionale Entität dieser Art etwas vollkommen Vernünftiges. Ebenso vernünftig ist jedoch eine ähnliche funktionale Entität, die positive therapeutische Wirkung sowohl auf die Heilenden als auch auf die Heilungssuchenden hat, also auf alle Teile der Entität, nicht nur auf einen. Wird eine funktionale Entität dieser Art konzipiert, dann sollte die therapeutische Wirkung auf beide gleich groß sein, und wir sollten das wahrnehmen können. Allmählich nähern wir uns einer experimentellen Situation. Es ist allgemein bekannt, dass Heilende sich nicht selbst heilen können. (Es gibt ein oder zwei verwirrende Ausnahmen, aber im Grunde sind die Beweise eindeutig.) Eine Abwandlung in der Konzeption der funktionalen Entität sollte dies ändern können, ohne dass die Heilwirkung auf die Heilungssuchenden beeinträchtigt würde. Das ist mit Sicherheit eine überprüfbare Vorhersage.

Jetzt, da wir das Grundkonzept haben, wonach funktionale Entitäten maßgeschneidert werden können, solange sie sich organisch in das verwendete Weltbild einfügen, können auch andere überprüfbare Vorhersagen getroffen werden. Theoretisch ist nun eine Vielzahl unterschiedlicher Tests möglich, von denen der oben erwähnte nur ein Beispiel ist.

Schlussfolgerung

Was ich hier beschrieben habe, ist eine Annäherung an das Problem des Paranormalen. Es ist richtig, dass die normalen Gesetze von Raum und Zeit von strukturellen Entitäten nicht gebrochen werden können. (Welche Gesetze von einer bestimmten funktionalen Entität gebrochen werden können, hängt von ihren Eigenschaften und von den Eigenschaften des Weltbildes ab, in das sie organisch hineingehört.)

Wenn wir die seriösen Kontrollgeister als funktionale Entitäten begreifen, dann werden die Daten, die wir bereits haben, verständlicher, und es erscheint möglich, neue Daten vorherzusagen.

Die moderne Physik hat das Konzept der „funktionalen Entität", wie ich sie nenne, sehr erfolgreich genutzt. Das Elektron ist ein gutes Beispiel dafür. Das Elektron hat, um es mit Henry Margenaus Worten auszudrücken, „keine festgelegte Position"[76]. James Jeans schrieb: „Es ist wahrscheinlich ebenso sinnlos, darüber zu sprechen, wie viel Raum ein Elektron einnimmt, wie es sinnlos wäre, wollte man diskutieren, wie viel Raum eine Furcht, eine Angst oder eine Unsicherheit einnimmt."[77] Eddington sagte, dass „ein Elektron nicht an einer Stelle, sondern über eine Wahrscheinlichkeitsverteilung verschmiert ist"[78] und Robert Oppenheimer schreibt: „Das Elektron kann nicht unabhängig von den Mitteln objektiviert werden, die man zu seiner Beobachtung und Erforschung gewählt

---

76 Margenau, Henry, *The Nature of Physical Reality*, McGraw-Hill, 1960.

77 Zitiert in Barnett, Lincoln, *Einstein und das Universum*, Fischer 1952.

78 Eddington, Arthur S., *The Philosophy of Physical Science*, University of Michigan Press 1958.

hat."[79] Mit diesen Begriffen beschreiben wir eindeutig keine strukturelle Entität. Wenn die Wissenschaft festgestellt hat, dass ihr
Elektron, die Quadratwurzel von -1, die Schwerkraft und ganze
Heerscharen weiterer funktionaler Entitäten nützlich sind, dann
könnte es sich lohnen nachzuschauen, ob es für uns nicht auch
nützlich sein könnte, Kontrollgeister auf diese Weise zu begreifen.[80]

---

79 Oppenheimer, Robert, „Physics in the Contemporary World". In Murphy,
Gardner (Hrsg.), *Great Essays in Science*, Washington Square Press 1961.

80 Außerdem wurden für diesen Artikel verwendet:
LeShan, Lawrence, „Physicists and Mystics: Similarities in World Views",
Journal of Transpersonal Psychology, 1, 1969 sowie ders., *Toward a General Theory of the Paranormal*, Parapsychology Foundation 1969.

Index

A

B

P

Q

R

„Dieses Buch eines engagierten Arztes kann die Brücke schlagen zwischen unseren eigenen spirituellen
und religiösen Wurzeln und der modernen wissenschaftlichen Medizinī“

       - Ruediger Dahlke -

Larry Dossey
Heilende Worte
Die Kraft der Gebete
als Schlüssel zur Heilung

Schon die großen Weisen der Antike wussten: „Dasselbe ist Denken und Sein!" So wie der Mensch denkt, so wird er auch. Worte und Gedanken haben eine entscheidende Bedeutung für die Gesundheit des Menschen. So wie ein im Zorn geäußertes Wort eine Verletzung verursachen kann, vermag ein segnendes Wort eine Heilung herbeizuführen.

Larry Dossey beschreibt in diesem Grundlagenwerk zur Gebetsheilung, welche Macht im gesprochenen Wort liegt und welche segensreiche Heilwirkung von einem Gebet ausgeht. Die alte biblische Überlieferung des „Bittet, so wird euch gegeben" erfährt durch einen modernen Wissenschaftler eine bewegende Bestätigung. Das Gebet öffnet das Tor zu einer höheren Wirklichkeit, aus der jene wundervolle Heilkraft hervorströmt, die selbst in scheinbar aussichtslosen Situationen Heilung zu schenken vermag und so wahre Wunder bewirkt.

Ein entscheidender Brückenschlag zwischen der Heilkunst und der Gebetsheilung, der ein neues, tieferes Verständnis über das Wesen von Krankheit und Gesundheit zu vermitteln vermag.

ISBN: 978-3-86191-008-4
Hardcover, 288 Seiten

Larry Dossey
Ich habe es geahnt!
Wie Vorahnungen sich bestätigen und
unser Leben bestimmen

Es dürfte niemanden geben, selbst unter hartgesottenen Materialisten und Atheisten, der nicht schon einmal den Ausruf getan hat: „Ich habe es geahnt!" Dabei geht es jeweils um das bekannte Phänomen, ein Ereignis als Gedanken, als Gefühl, als Traum oder eben als Vorahnung bereits im Voraus gewusst zu haben. Es wird in der Gegenwart etwas 'gewusst', was sich erst in der Zukunft ereignen wird.

Kein anderes Geschehen, das noch dazu außerordentlich weit verbreitet ist und in allen Kulturkreisen auftritt, erschüttert das materialistische Weltbild nachhaltiger als das „Phänomen Vorahnung". Der bekannte amerikanische Arzt Larry Dossey geht diesem Phänomen auf zweierlei Weise nach: Einerseits sammelt er die schier unfassbarsten Fallbeispiele; andererseits studiert er alle denkbaren Erklärungsmöglichkeiten und wissenschaftlichen Theorien dazu. So erschließt sich ein umfassenderes Verständnis von Zeit und Raum, von Freiheit und Schicksal.

ISBN 978-3-86191-013-8

Hardcover, 336 Seiten

Katarina Michel

Wer liebt

hat mehr vom Leben

Eine Ermutigung
für abenteuerlustige Frauen

Crotona

Adolph Kurt Böhm

DIE HEILENDE KRAFT DER SCHÖNHEIT

Eine Kulturkritik
der modernen Künste

Crotona

Hans Stolp

Bleib, mein goldener Vogel

Ein sterbendes Kind erzählt

Crotona

Ron Wolfson

Der Himmel sucht Mitarbeiter

Gottes Aufgaben-Liste
für seine
irdischen Helfer

Crotona

... dem Leben neu begegnen

Weitere Titel aus dem Crotona Verlag: